ESCAPE

<u>o d e r</u>

Die Notwendigkeit einer neuen Bewusstseinsmatrix

Dieses Postulat liegt in der Urheberschaft des Parapsychologen - PSI-Forscher - Willi Robé aus Salzburg, Österreich.

Die Firma „HAPPY - FUTURE“,
Praxis zur Schaffung von neuem kollektiven Bewusstsein,
wurde damit beauftragt,
dieses Postulat
der Veröffentlichung zuzuführen.

ESCAPE
o d e r
Die Notwendigkeit einer neuen Bewusstseinsmatrix

2. Auflage

ISBN 978-396443-300-8

Impressum HAPPY - FUTURE SPIRIT-WELLNESS OG

A-4020 Linz, Rudigierstraße 1

Vertrieb Nova MD GmbH, Vachendorf

INHALTSVERZEICHNIS

Über die Arbeit des Forschers, Gründers und Initiators dieses Postulats

Parapsychologe - PSI-Forscher - Willi Robé, geboren am 23.02.1952

Als Spezialist für Psychokinese[1] ist er in der Lage, nicht nur auf materielle Strukturen einzuwirken, sondern auf sämtliche psi- und bioenergetische* Dispositionen bei allen lebenden Subjekten und Objekten. Kein Detail, keine Ursächlichkeit bleibt ihm somit verborgen. Mühevolle und jahrelange Prozesse der Ursachenforschung über die Komplexität Mensch mittels ASW (außersinliche Wahrnehmung) und Psychokinese machten es sukzessive möglich, das scheinbar Unerklärliche erklärbar zu machen.
Parapsychologen - PSI-Forscher - Willi Robé ist es gelungen, den zertifizierten Beweis[1] (unter Laborbedingungen) für den bewussten geistigen Einfluss (Psychokinese) auf die Materie zu erbringen. Mittels dieses erbrachten Beweises ergibt sich daraus die Legitimität zur Wissenschaft der PSI-Forschung* (Parapsychologie).
Seiner unermüdlichen Forschungsarbeit ist es zu verdanken, dass es auf lange, generationenübergreifende Sicht gesehen keine mental und emotional fehlgeschalteten (im Sinne von negativen frühkindlichen Engrammen*) Kinder mehr geben muss!

Das (Lebens-)Rätsel scheint gelöst!

Willi Robé ist als Forscher Revolutionäres gelungen! Die Funktionalität unwillkürlich interagierender Engramme ist nun

1 Homepage Parapsychologe - PSI-Forscher - Willi Robé www.psy-energetic.com
* siehe Begriffserklärung Seite 88

erklärbar und somit auch zukünftig vermeidbar. Im wissentlichen Umgang mit den Gesetzen von Ursache und Wirkung auf feinstofflicher Ebene* wird der Mensch in der Lage sein, jede Herausforderung in seinem Leben menschlich lösen zu können. Sein Bewusstsein wird ausgerichtet nach den Faktoren zur maximalen Entwicklung der Fairness und Harmonie. Egozentrische Faktoren können sich durch das neue, vorgelebte, positiv geprägte Bewusstsein von jüngster Kindheit an nicht mehr ausprägen.
Diese Generationen – also die Erwachsenen von morgen – werden mit dem positiven energetischen Background somit neue Strukturen gestalten, dementsprechend Politik machen, mit diesem Wissen in die Wirtschaft gehen, Beziehungen leben usw.
Es wird zwar noch Generationen brauchen, bis sich das neue gesunde Gedankengut tatsächlich in den Köpfen der Menschen verankert, doch eines ist gewiss: Die universelle Wahrheit setzt sich immer durch.

Parapsychologe - PSI-Forscher - W. Robé
forscht als Mensch für Menschen!

Vorwort

Mittels bahnbrechender Erkenntnisse über die Funktionalität des Menschen lässt sich feststellen: „Die Zukunft ist passiert!“ Hier findet sich die Anleitung wie es gelingen kann, die Bildung negativer Engramme zu verhindern. Der neuorientierte Mensch ist somit in der Lage unbeschadet – im Sinne von einer gesunden Psyche bzw. einer gesunden Emotionalität – heranzuwachsen.
Dieses Postulat gibt die Anleitung bzw. Initiierung zur Bewusstseinsevolution (vor Revolution). Der vorherrschende Zeitgeist braucht jetzt Antworten und Erklärungen, warum ein neues Bewusstsein so wichtig ist! Diese Ausgabe ist das Ergebnis – eine vereinfachte Darstellung – aus wissenschaftlicher Arbeit. Es stellt eine kurze Zusammenfassung über die Funktionalität vorherrschender Faktoren energetischer Natur dar.
Hier erhalten Sie Aufschluss darüber, was es heißt in der sogenannten Bewusstseinsmatrix* des vorherrschenden Establishments festgenagelt zu sein. Dieses Werk resultiert aus Erkenntnissen der PSI-Forschung und weist darauf hin, was es für Auswirkungen negativer Natur auf den Menschen selbst und seine Umwelt hat, wenn der Mensch weiterhin im selben Gedankengut festhängt.
So wie die vorherrschende Bewusstseinsmatrix veranlagt ist, gehen sämtliche zwischenmenschliche Belange verloren. Daher zeigt es sich als zwingend notwendig, ein neues gesundes Bewusstsein zu kreieren, um den Fallen der jetzt bestimmenden Bewusstseinsmatrix zu entgehen.
Denn letztendlich gilt:
So wie die vorherrschende Bewusstseinsmatrix inhaltlich aufbereitet ist, ist jegliche menschliche Fehlentwicklung vorprogrammiert. Diese wird zum toten Ast, auf dem die Menschheit sitzt!
Chancen, die es immer wieder gegeben hat, die sich beispielsweise in der Befriedung nach Kriegen aufgetan haben, sind immer wieder vertan worden, indem sich das System wieder nach den alten, den sich eigentlich nicht bewährten(!) Strukturen geordnet hat.
Aus dieser Tatsache heraus lässt sich feststellen, dass bis dato die Grundvoraussetzung für menschliche Entwicklung nicht gegeben ist.

Darum gilt es zu hinterfragen: Was ist hier passiert? Aus welchem Grund wiederholt sich die Geschichte immer wieder?
Es ist an der Zeit sich über trennende, polarisierende Denk-, Verhaltens- bzw. Handlungsmuster Gedanken zu machen! Dieses Werk ist die Antwort der Antworten.

Einführung

Neues Denken, Handeln und Tun!

Wie sich die vorherrschende und letztendlich nicht bewährte Bewusstseinsmatrix* in den diversen Sichtweisen zusammensetzt und woraus sich der sogenannte menschliche, gesellschaftliche „Zusammenhalt“ tatsächlich aufbaut, ist heikel. Aus der Sicht der PSI-Forschung* ist sie unter Einbeziehung fundamentaler Faktoren feinstofflicher Natur tatsächlich abzulehnen!
So wie sich die vorherrschende Gedanken- und Verhaltensschablone inhaltlich darstellt, zeigt sie sich auf sämtlichen Ebenen (sozialer, gesundheitlicher, ökonomischer, ökologischer Natur usw.) von großer Brisanz. In Summe macht diese Schablone den Menschen nicht nur krank, sondern sie wirkt feindlich, zerstörerisch – seit jeher! Deshalb bedarf es jetzt einer Bewusstseinstransformation.
Bewusstsein schafft Frequenz, nicht nur mental, sondern auch psi-energetisch[2]. Diese Psi-Interaktionen* stellen einen Bestandteil des menschlichen Lebens dar und es gibt sie, weil sie Gesetzmäßigkeiten unterworfen sind, die das menschliche Dasein bestimmen.
Das Begreifen psi-energetischer Eigenschaften ist ein ganz wichtiger Faktor, gerade jetzt, wo verschiedene Kulturen und somit konträre Bewusstseinsfrequenzen* aufeinandertreffen.
Wenn weiterhin in denselben Strukturen (Prägungen*) gedacht und empfunden wird, muss sich der Mensch auch eines bewusst machen: Unter diesen Voraussetzungen psi-energetischer Natur kann sich die Geschichte nur wiederholen. Kriege, die in der Geschichte aber und abermal stattfanden, verursachten unter den jeweiligen Völkern immensen Schaden. In der daraus resultierenden Not gab es Wiederaufbau und durch die Not auch den Zusammenhalt. In weiterer Folge des Aufstiegs begannen wieder und wieder nicht bewährte Ego-Strukturen* sich der Geschichte zu bemächtigen und der Kreislauf fing wieder von vorne an (Aufstieg – Niederlage – Befriedung – usw.).
Es gilt, auf der Hut zu sein und begreifen zu lernen, warum sich die Geschichte immer wiederholt: Vorherrschende soziale Umstände

2 siehe Begriffserklärung* Seite 88

negativer Natur erzeugen Bewusstseinsfrequenzen, deren Eigenschaften bei genauerer Betrachtung jenen ähnlich sind, die in der Geschichte der Menschheit periodisch vorkommen. Das geistige Erbe unserer Vorfahren birgt daher – aus der Sicht der PSI-Forschung – eine latente, erhebliche Gefahr. Da das psi-energetische Erbgut unserer Vorfahren Bewusstseinsfrequenzen enthält, welche sich in sogenannten Psi-Feldern[3] abgespeichert hat, können diese Psi-Felder in ähnlichen Gemütslagen subliminal* in Kraft treten, wobei sich dadurch die Geschichte jederzeit wiederholen kann.
Der Kausalnexus* (das ist der Punkt von dem aus alles aus der feinstofflichen Ebene* heraus initiiert wird) ist abhängig vom jeweilig vorherrschenden Bewusstsein (Prägung).
Die Menschen müssen begreifen lernen, dass hinter jeder URSACHE eben wieder eine URSACHE liegt. Diese Prozesse müssen so lange durchlaufen werden bis man auf der feinstofflichen Ebene ankommt.
Allen bisherigen Bewusstseinsfrequenzen hat es demnach am Zwischenmenschlichen gemangelt. Die Systeme, so wie sie uns bekannt sind, sind zum Scheitern verurteilt, weil dabei abzusehen ist, dass die zwischenmenschlichen Belange das Nachsehen haben. Daraus entsteht Disharmonie, infolge Feindbilder, die schlussendlich auch zu Kriegen und anderen Konflikten führen können.
Bis jetzt konnte kein System das Wichtigste produzieren und erhalten: die kontinuierliche Basis von Zusammenhalt und Zufriedenheit. Daher gilt es mit Weitblick an vorhandene Probleme heranzugehen, denn Menschen, denen das gesunde Bewusstsein fehlt, können und werden auch nicht danach handeln.
Schon die Schamanen in grauester Vorzeit wussten Bescheid über die Kräfte der menschlichen Psyche, wobei ihre Vorstellungen allgegenwärtiger Kräfte (positiv wie negativ) die Basis ihrer magisch-rituellen Handlungen waren. Auch heute, da sich der Mensch enttäuscht von den Abläufen des alltäglichen Lebens wieder mehr dem Mystischen zuwendet, gelten dieselben Prinzipien wie zu Urzeiten der Menschheit.
Hier geht es um Einflüsse prägender Natur, Umstände, Schicksalhaftes, das einen immer wieder mental wie emotional einholt. Es dreht sich um scheinbar Verdrängtes, das sich wieder und wieder aktualisiert, sich subtil in den Vordergrund spielt und

3 siehe Begriffserklärung* Seite 88

schließlich bestimmend Einfluss nimmt (Charakter, Gemüt, Visionen, Verhalten).
Es ist an der Zeit, dass ein jeder seine Verantwortung zur Veränderung erkennt. Es gilt zu realisieren, wie man vorherrschenden negativen Faktoren begegnet und sich schützen und helfen kann.
Die grundsätzliche Veranlagung eines Menschen spielt dabei natürlich auch eine Rolle, z. B.: Ist der Mensch von Haus aus eine subtil beeinflussbare Persönlichkeit? Wie ist er rezeptiv disponiert? Wo liegen seine Schwachstellen? Wie sind seine karmischen Dispositionen veranlagt? Sind bereits Fehlschaltungen emotionaler bzw. mentaler Art im energetischen Hintergrund vorhanden?

Hier erfahren Sie,

- **wodurch** ein krankhaftes Bewusstsein entsteht,
- **wo** die entscheidenden Fehler immer wieder passieren,
- **worin** sich die Ursachen prekärer Situationen, Denkfehler usw. finden,
- **wie** manipulierend vorherrschende Bewusstseinsfrequenzen wirken können
- und vieles mehr.

Aus esoterischer Sicht sind wir am Anfang des Wassermannzeitalters und das steht für **Veränderung!** Allumfassende, richtungsweisende Erkenntnisse aus jahrelanger psi-energetischer Ursachenforschung über die Funktionalität des Menschen zeigen, wie es gelingt, ohne Polarisation(!) ein neues gesundes kollektives Bewusstsein zu schaffen. Die Lehre eines harmonischen Miteinanders zu vermitteln und vorzuleben.
Dieses Postulat erklärt den Menschen, worauf sie achten müssen, um in der Waagschale des Lebens miteinander leben zu können. Das Besondere daran: Dieses Postulat zeigt nur auf, es verurteilt nicht, sondern erklärt spezifisch die jeweiligen Ursächlichkeiten. Die universelle Wahrheit hat kein Gesicht. Wenn man die (eigene) Geschichte betrachtet, ist es wichtig, dies nur sachlich zu tun und nicht zu emotionalisieren!
Wichtig dabei ist – das gilt grundsätzlich für alle Dinge des Lebens – **nicht den Schuldigen oder die Schuld zu suchen, sondern**

die Ursächlichkeit zu erkennen und dort anfangen etwas zu verändern, also an der Wurzel des jeweiligen Übels, auf feinstofflicher Ebene.
Hier spielt die PSI-Forschung über Mensch, Raum und Materie eine elementare Rolle. Ohne feinstoffliche Energie würde es kein Leben geben. Der Kosmos ist aus feinstofflicher Energie entstanden, sohin ist diese für eigentlich alles der lebensspendende Faktor. Die PSI-Forschung ist in der Lage, diese Energie zu instrumentalisieren und damit auf alles Lebende regulativ einzuwirken.

Jede Problematik hat einen feinstofflichen Abdruck und dadurch können Probleme erkannt und folglich gelöst werden.

Im Wissen über die Kausalität, im Wissen, dass alles im Leben einen psi-energetischen Hintergrund hat, im Wissen, dass alles veränderbar ist(!), haben wir es uns zur Aufgabe gemacht, Wegbereiter, Pioniere und Baumeister einer neuen Zeitepoche zu sein. Der Mensch der Zukunft wird ein Wissender über die Gesetzmäßigkeiten auf feinstofflicher Ebene sein. Er wird sich dadurch zum Freigeist entwickeln und formen können.
Freigeist im Sinne von: Mein Geist ist frei von jeglichen Gespenstern der Vergangenheit, Getriebenheiten und daraus resultierenden Anteilen*, welche zur Persönlichkeitsverformung führen. Der Mensch wird dadurch in der Lage sein, als Freigeist aus seiner Intuition heraus zu leben.
Es werden dadurch keine bewertenden Faktoren dem Zwischenmenschlichen entgegenstehen. Das Verständnis über das Spiel der Kräfte macht das innere Wahrhaftige (Seelenqualität) unverrückbar. Das, und nur das, entspricht der Gesetzmäßigkeit von „leben und leben lassen" und entspricht dem Gesetz der Ehrlichkeit und Fairness.
Gelingen und tatsächlich umsetzen lässt sich dies, wenn der Mensch in all seinen lektiven Prozessen* immer in die wahrhaftigen Erkenntnisse geführt wird, das heißt, wenn er die tatsächlich negativen Umstände seiner vordergründigen Indisposition realisiert. Das entspricht (nach unseren Vorstellungen) einem neuen gesunden Bewusstsein! Denn nur daraus können sich übergeordnete Sichtweisen einstellen. Somit ist das der Beginn einer neuen Bewusstseinsära.

Zum ersten Mal in seiner Geschichte wird der Mensch in der Lage sein, sich nach kosmischer Ordnung entwickeln zu können, seinem eigentlichen Auftrag (Lebenssinn) gerecht zu werden:
aus Schwächen Stärken zu machen und allfällig Überzogenes in Balance bringen zu können.

Kapitel 1

„Psi – kosmische Energie"

Was tatsächlich im Verborgenen wirkt, weiß kaum jemand: „Psi – kosmische Energie" – sie hat Einfluss auf alles was lebt. Die Psi-Energie ist jene Energieform, die man als Energie der Seele und des Kosmos bezeichnet. Wobei man erwähnen muss, dass die Seele des Menschen unabdingbar mit dem Kosmos verbunden ist. Es ist bereits eine erwiesene Tatsache, dass das ganze Leben einen psi-energetischen Hintergrund hat. Viele gelehrte Köpfe wissen, dass es noch weit über den Tellerrand der bestehenden Sichtweisen hinausgeht. Aber dieses Wissen hat sich bisher noch nicht durchgesetzt. Die Erkenntnisse sämtlicher Philosophen und Sozialpsychologen werden zwar als große Errungenschaften in Erinnerung behalten, aber deren Wissensbausteine werden weiterhin nicht in die Realität umgesetzt.

Die Psi-Energie ist neutral. Durch Schicksalsschläge, seelische Traumen, kontinuierlich negative Erlebnisse etc. wird die Psi-Energie negativ besetzt. Somit haben energetische Faktoren nicht nur eine gesundheitliche, sondern auch eine soziale Brisanz. Nämlich dann, wenn daraus in weiterer Folge aus dem Miteinander zuerst ein Nebeneinander wird und dann ein Gegeneinander.

Aus Sicht der PSI-Forschung findet sich die Ursache vordergründiger Indisposition unterschiedlichster Art oftmalig in Form negativer Psi-Felder.

Was genau sind Psi-Felder und wie nehmen sie auf alles Lebende Einfluss?

Wo Menschen leben, hinterlassen sie Spuren – physisch, aber auch aus dem seelischen Dasein. Aus Empfindungserlebnissen negativer Natur entsteht ein negativer energetischer Faktor, welcher unwillkürlich als Emission freigesetzt wird. Die daraus resultierende, unwillkürlich entstandene(!) Psychonität (= psi-energetische Emission) lässt daraus ein Psi-Feld entstehen.

Psi-Felder geben permanent eine Signalwirkung ab – entweder eine inhaltlich positive oder eine inhaltlich negative. Funktional gesehen ist das wie bei einem Sender, der permanent und autonom ein Signal sendet.
Vorhandene negative energetische Psi-Felder machen generell durch ihre frequentive Eigenschaft geneigt, potentiell negative Eigenschaften zu forcieren – bei allem was lebt. Das heißt, dass sich solche Felder unwillkürlich und unterschwellig auf Mensch, Tier und Umwelt auswirken können.

Was passiert unterschwellig?

Menschen, die latent von negativen Gefühlen und Vorstellungen gepeinigt werden, hinterlassen negative energetische Spuren, die sich in sogenannten energetischen Emissionsfeldern zentrieren. Diese Emissionsfelder wiederum haben auf alles was lebt eine permanente negative Signalwirkung!
Bei einem - aus irgendwelchen Gründen - im Moment indisponierten Menschen wird aus einer entsprechenden Gemütslage negativer Natur heraus, unwillkürlich eine Verbindung zu ähnlich frequentierten Psi-Feldern aktiviert (initiiert). Dieser Mensch wird also von den Inhalten **infiltriert**.
Konkret bedeutet dies, dass diese Psi-Felder mit den Informationen, mit denen sie inhaltlich angereichert wurden, z. B. durch das Erleben seelischen Leids durch Kriegserfahrungen, nun autonom und unwillkürlich die Empfindungsebene (Psi-Ebene) des Menschen tangieren und infiltrieren.
Überall dort, wo kollektiv intensiv über vorherrschende Umstände nachgedacht wird, kommt es auf der feinstofflichen Ebene zu autonomen Vorgängen, deren Auswirkungen negativer Natur durchaus in der Lage sind, „verbrannte Erde“ zu hinterlassen.
In gewissen Epochen, wenn z. B. die Unzufriedenheit im Volk größer wird, aktualisieren sich dementsprechende Bewusstseinsfrequenzen.

Was bewirkt diese negative Signalwirkung?

Die feinstoffliche (energetisch negativ belastete) Ebene ist nicht nur dafür verantwortlich, dass sich u. a. das Gemüt (Psyche) verdüstert, sondern diese permanente negative Signalwirkung kann auch dafür sorgen, dass z. B. Egomanen zu Despoten heranreifen. Man muss sich bewusst sein, dass Bewusstseinsfrequenzen immer psi-energtische Eigenschaften mit sich bringen. Negative Energien begünstigen den manipulierenden, spekulativen, egoistischen Anteil des Menschen und deinstallieren sämtliche vorhandene moralische Zensurschwellen.

Gemütskranke Leute denken krank. Das führt zu einem krankhaften kollektiven Bewusstsein.

Ändern wir das Übel nicht an der Wurzel, also der Bewusstseinsfrequenz, führt das unweigerlich zu weitreichenden Kollateralschäden im sozialen wie auch im gesundheitlichen Bereich. Man muss sich klar darüber sein: Wenn man in diesem vorherrschenden Bewusstsein hängen bleibt, gibt es kein wahrhaftiges Weiterkommen. Ohne Bewusstseinstransformation kann es also keine menschliche Weiterentwicklung geben. Um Kollateralschäden gesundheitlicher wie sozialer Natur zu verhindern, ist es jetzt notwendig, dass sich der Mensch mental und emotional neu aufstellt!

Die LÖSUNG

Die Rezeptur kann nur heißen: **Raus aus der Knechtschaft negativer Energien!** Die Botschaft lautet: All das, was sich im Außen als Problem, Hindernis etc. darstellt, hat einen feinstofflichen Hintergrund, die psi-energetischen Konglomerate. Der Kosmos ist auf Harmonie ausgerichtet. Nun gilt es, sich diese Energie durch **Psi-Forcierung** zunutze zu machen!

Gesunde Bewusstseinshygiene durch neue objektivierte Sichtweisen und Gedankenmodelle nach den kosmischen Gesetzmäßigkeiten von Ursache und Wirkung hält die Empfindungsebene des Menschen „sauber".

Kapitel 2

„Das kollektive Bewusstsein"

Die Gesellschaft darf diesen Aufruf zur Bewusstseinstransformation nicht mehr überhören, denn sie sitzt (sprichwörtlich) auf einem toten Ast, weil die Strukturen entgegen der kosmischen Ordnung aufgebaut sind. Daher braucht es zuerst die Erklärung **wann** bzw. **wie** sich das vorherrschende kollektive Bewusstsein überhaupt **gebildet hat, wie es sich am Leben erhält und was es im Menschen selbst auslöst?**
Der Beginn findet sich zu dem Zeitpunkt, als die Gesellschaft anfing sich zu zivilisieren. Regulative waren zu dieser Zeit wichtig, ohne Frage. Es hat sich zeitgleich jedoch der Ungeist, der in den jeweiligen Epochen lebenden Mächtigen, breitgemacht. Diejenigen, die damals am sogenannten „Drücker" waren, überließen forcierten Egoanteilen (Schattenkomponenten*) die Macht und handelten entsprechend danach, woraus sich kongenial bestimmte Traditionen gebildet haben.

Kulturelle Tradition heißt unter anderem auch „Wir sind wir."

Politische Traditionen entwickelten sich in der Geschichte immer zum Zwecke des eigenen Vorteils der jeweiligen Machthaber. Darin findet sich die Absicht, das jeweilige Gedankengut zu bewahren und weiterzuvererben. Die Ausübung der Tradition dient und diente dem Zweck, das damit verbundene Gedankengut mit Bestandsrecht immer weiterzugeben (psi-genetisch[4]).
Jede ethnische Gruppierung hat ihre eigenen Sichtweisen entwickelt. Damit einhergehend entstand, den Inhalten entsprechend, das Resonanzverhalten gegenüber anderen. Die anderen jedoch haben und hatten auch eigene Sichtweisen und Regulative in die Welt gesetzt. Die Folge daraus: Es entstand Polarisation. Denn jeder wollte derjenige sein, der die meiste Macht hat! Aus diesem Grund hatte man angefangen zu versuchen, den Andersdenkenden sowie Andersartigen zu unterjochen.

4 siehe Begriffserklärung* Seite 88

Besitz-, Geltungs- und Machtstreben, in Verbindung mit Intoleranz und Unverständnis gegenüber dem Fremdartigen – eine solche Bewusstseinsmatrix führt unweigerlich in eine prekäre Ausgangslage. Ethnische Gruppierungen trafen aufeinander und stellten die jeweilige Andersartigkeit fest. Aus Intoleranz und Unverständnis dem Fremdartigen gegenüber entstanden Feindbilder, was zur Polarisation Andersdenkender führte. Daraus wiederum entwickelte sich feindseliges Verhalten!
Feindseliges Verhalten basiert somit auf Argwohn und Misstrauen gegenüber den Andersdenkenden. Bildlich gesprochen trifft eine Bewusstseinsmatrix auf die andere. Aus den jeweiligen Situationen, Umständen heraus bilden sich Spannungsfelder negativer Natur, die unter anderem soweit führen können, dass aus den jeweiligen Interessen letztendlich auch Kriege entstehen.

„Pflege von Traditionen"

Ohne zu wissen, dass das Stillstand für die menschliche Entwicklung bedeutet, fungiert bis heute das unwissende Volk, das sich das Gedankengut unserer Vorfahren am Leben erhält. Denn mit der Hege und Pflege des jeweiligen sozial-kulturellen Brauchtums werden autonom die damit verbundenen Denkmuster am Leben erhalten: Das Gedankengut der Vorfahren in der sogenannten zivilisierten Welt und teilweise auch nicht zivilisierten Welt beinhaltet viel Trennendes, Polarisierendes, Feindliches. Gezielt wurden damals Regulative erzeugt, die der jeweiligen Machterhaltung Gewährleistung gab, infolge bildeten sich kollektive Interessensgruppen heraus. Die damit einhergehende Doktrin resultierte aber aus einem negativen egoistischen und dadurch zum Eigennutz ausgerichteten Denken. D.h. der Inhalt richtete sich gegen die kosmische Ordnung, welche auf Harmonie ausgerichtet ist!
Die Eigenschaft dieser Bewusstseinsfrequenz in Form von Psi-Feldern ist inhaltlich brisant – nämlich den Schwächeren zu unterjochen oder zu übervorteilen.
Das Nichtloslassen alter Gewohnheiten bzw. Traditionen – z. B. das Hochlebenlassen alter patriarchischer Herrschaftsmuster von Macht, Ausbeutung, Gewalt – wird immer wieder negative egoistische Interessen in den Vordergrund stellen. Die Pflege des

sozial-kulturellen Brauchtums, gebildet aus dem jeweiligen kollektiven Bewusstsein der verschiedenen Völker, welches eine eigene bestimmte mentale Frequenz darstellt, verursacht Gemütslagen, welche früher in der Gepflogenheit des Brauchtums gelebt wurden. Die jeweiligen frequentiven Eigenschaften bringen unwillkürlich weitere Mechanismen zutage.
Die PSI-Forschung zeigt auf, dass diese Bewusstseinsfrequenzen autonom Gemütslagen hervorbringen, mit der schon immer Politik betrieben wurde. Beispielsweise steht man all dem feindlich gegenüber, das fremdartig erscheint oder es ergibt sich allem gegenüber eine ablehnende Haltung, was dieser oder jener Gesinnung nicht entspricht.
Der geistige Inhalt, der Zusammenhalt der gleichartig Denkenden entspricht von Anfang an einer Polarisation: „Entweder du bist dabei oder wir schließen dich aus." „Akzeptiere nur das, wie wir sind. Alles andere wird abgelehnt!"
Was letztendlich immer in der Destruktion endete, wird heute als heilig dargestellt, was es aber nicht ist! Die Geschichte zeigt, dass bisher alle damit gescheitert sind. Sie sind an den Vorstellungen gescheitert. Was gibt es da zu verklären? Gar nichts.
Was dominierte den Menschen in der Vergangenheit? Auf der einen Seite stand das Streben nach Macht, auf der anderen standen diejenigen, die unter dieser Dominanz zu leiden hatten. Dort waren Verzweiflung und innere Not vorherrschend.
Deshalb gilt es heute, die jeweilige Geisteshaltung der sozial-kulturellen Tradition zu belichten und sachlich zu hinterfragen, bevor man diese unbedacht verklärt. Es muss der Gesellschaft von heute bewusstgemacht werden, unter welchen Voraussetzungen unsere Vorfahren ihr Leben meisterten und welchen manipulativen Faktoren sie damals erlagen. Es gibt hier nichts zu beschönigen.
Der Zeitgeist von heute, wo rund um die Tracht wieder ein Hype entstanden ist, ist bei genauerer Betrachtung eine Art der Manipulation, ohne dass die Menschen begreifen, was die Tracht in ihrer Symbolik überhaupt darstellt. An sich wurde die Tracht aus einer gesellschaftlichen Schwere geboren, die im äußeren Ausdruck auch den gesellschaftlichen Unterschied darstellte. Es war und ist der Ausdruck eines intoleranten Hierarchiedenkens („Wir sind wir und wir sind besser als ihr!").Gerade in der ländlichen Peripherie war es oft so, dass die Heranwachsenden in der Geisteshaltung

derartig manipuliert wurden, dass gesagt werden kann, sie wurden letztendlich zum intoleranten Verhalten erzogen.
Und deshalb gleicht es einem Verrat an denen, die damals darunter litten. Die Menschen, die sich durch die gelebte Intoleranz der Volkstradition verbunden fühlten, waren auch die Kriegstreiber. Die Menschen „feierten“ damals nicht die Leichtigkeit, die gelebt wurde, sondern sie feierten sich selbst und ihre Gesinnung.
Im Klartext: Die Verklärung der Tracht, so wie sie sich jetzt darstellt, kommt einem Missbrauch der Geschichte gleich, weil die Tracht selbst der Ausdruck von Sturheit und Abgrenzung ist – und nicht das, als das sie jetzt interpretiert wird. Wenn man im Hier und Heute Feste im Namen derer feiert, die sich früher den Volkstraditionen verbunden fühlten, hat man die Geschichte von damals nicht verstanden. Die wenigen „schönen Momente“, die sie sich damals vergönnten, konnten das alltäglich bittere Erlebte nicht wettmachen. In bewusster Assoziation mit dem Gedankengut geht es soweit, dass, wenn jemand autoritär wirken möchte, es mit dem Überstreifen der jeweiligen Tracht tatsächlich auch wird. Heute wird das verklärt, was die Menschen damals erdulden mussten.
Die Leute lebten zumeist aus der Spekulation zugunsten des eigenen Vorteils. Es ging fast immer um die eigenen Vorteile: zum einen um die Unterjochung anderer, zum anderen um das eigene bessere Überleben. Der eigentliche Zusammenhalt, das Bindeglied zueinander war die vorherrschende Not.
Aber was passiert dabei im Menschen selbst? Im Erleben dieser täglichen Umstände? Der Mensch schöpft sohin nicht aus der Kraft seiner positiven Möglichkeiten (Seelenpotential), sondern das Leben beschränkt sich auf das Notwendige. Also wird letztendlich eine destruktive Kraft zur treibenden Kraft! Aus diesem Grund entstehen immer wieder kollektive negative, bedrohliche Stimmungslagen. Dieses negative Potential psi- und bioenergetischer Natur (Nährboden) ist heute genauso präsent wie damals. Deshalb gilt es, seine alltäglichen Umstände und was diese in einem selbst auslösen und bewirken, unter die Lupe zu nehmen.
Die sogenannte „gute alte Zeit“ war eigentlich brutal und rücksichtslos. Die Menschen, die damals unter der Unterdrückung litten, müssten sich im Grabe umdrehen, wenn sie wüssten, was heute verklärt wird. Funktioniere oder krepiere. Ein trauriges Kapitel der Menschheit, welches heute zwar nicht mehr so absolut

gehandhabt wird, jedoch mit vorgehaltener Hand subtil immer noch Bestandsrecht hat. Das Spiel mit der Macht, die nämlich in die Ohnmacht führt, nimmt bis heute Einfluss auf den Menschen! Diesem Bewusstsein (Gedankengut) sollte der Rücken gekehrt werden und die Gestaltung eines neuen Bewusstseins, welches nach den Richtlinien der kosmischen Ordnung ausgerichtet ist, sollte fokussiert werden. Das kann aber nur mithilfe einer Bewusstseinstransformation geschehen. Das Festhalten an Althergebrachtem beinhaltet viel mehr als das, was wir mit freiem Auge erkennen können. Der feinstoffliche Aspekt nimmt dabei eine gewichtige Rolle ein. Dabei werden autonom psi-energetische Frequenzen tangiert, welche das kollektive Bewusstsein unwillkürlich übernimmt. Die Vorgänge auf feinstofflicher Ebene werden zum Bestimmenden im zwischenmenschlichen Verhalten.

Fazit:

Der Geist (Ungeist) der guten alten Zeit nimmt eigentlich immer noch subliminal Einfluss auf das Hier und Heute. Jede gelebte Tradition enthält bisher einen negativen Faktor in ihrer Bewusstseinsmatrix: Intoleranz gegenüber der Andersartigkeit. Daraus wird subtil eine Geneigtheit erzeugt, welche vermittelt: „Wir sind besser als die anderen." Diese Form der Bewertung muss raus! Denn dieser Umstand erzeugt Polarisation.

Die LÖSUNG

Jede ethnische Gruppierung muss ihre Bewusstseinsmatrix unter die Lupe der PSI-Forschung nehmen und sich fragen: „Wo liegt bei uns der Ungeist?"
Denn subliminal vorherrschende negative energetische Psi-Felder machen generell in ihrer frequentiven Eigenschaft geneigt, potentiell negative Eigenschaften zu forcieren – bei allem was lebt.
Die jeweiligen fehlgeschalteten Egoismen sind es, die Unheil produzieren. Bis jetzt geht es zumeist darum, dass jede Gruppierung mehr Recht, mehr Macht, mehr Besitz, mehr Geltung etc. haben will und das führt immer zur Polarisation.

Bevor die Gesellschaft im 21. Jahrhundert die fundamentale Bewusstseinsveränderung einleiten kann, **muss sie sich klar machen, dass Psi-Interaktionen** (Wechselwirkungen auf feinstofflicher Ebene) **Bestandteil des täglichen Lebens** sind. Im wissentlichen Umgang damit und mit einhergehender Bewusstseinshygiene ist der Mensch in der Lage, Schritt für Schritt eingefahrene Muster und Dogmen zu erneuern und sachlich zu hinterfragen.

Was wird in diesen Momenten im Menschen selbst ausgelöst?

Mit dem, was sogenannte Psi-Felder inhaltlich hergeben – also womit sie inhaltlich angereichert worden sind (z. B. mit dem Erleben seelischen Leids, mit Kriegserfahrungen, Unterdrückung usw.) - wird jetzt autonom und unwillkürlich die Empfindungsebene (Psi-Ebene) des Menschen infiltriert. Diese feinstoffliche, energetisch negativ belastete Ebene zeichnet sich nicht nur dafür verantwortlich, dass sich u. a. das Gemüt (Psyche) verdüstert, sondern diese permanente negative Signalwirkung kann auch dafür sorgen, z. B. Despoten in jeglicher Form hervorzubringen.

Aus Sicht der PSI-Forschung bedeutet „zurück zu den Wurzeln" immer latent die Gefahr der Legitimation eines gefährlichen Gedankengutes. Ein Blick in unsere braune Vergangenheit reicht dabei aus, um die Auswirkungen eines Gedankengutes, welches durch nicht transformierte Mächtige dem Volk aufgezwungen wurde, zu erkennen.

Es ist auffällig, dass gerade die Hüter und Bewunderer sozialkultureller Brauchtümer sich gegen Andersartigkeit auflehnen. Die Hege und Pflege des Brauchtums sollte demnach nie mit einer politischen Gesinnung zu tun haben! In der Reflexion der jeweiligen kulturellen Gebräuche soll es einzig darum gehen, das positive Andenken an die Vorfahren zu wahren, aber nie um das Andenken an die jeweiligen politischen Gesinnungen.

Das Brauchtum wird weiters auch zur Wahrung der eigenen Identität benutzt. Natürlich auch aus Angst vor Überfremdung. Generell sollte man aufhören, Menschen nach äußeren Merkmalen zu beurteilen, sondern lernen „zu leben und leben zu lassen". Das heißt, den anderen in seiner Andersartigkeit verstehen zu lernen.

Warum das Fremde so fremdartig ist bzw. erscheint, dafür zeichnet sich die Psi-Codierung* (Prägung) mitverantwortlich. Ohne Besinnung auf die jeweiligen Wurzeln (Völkerbewusstsein) und auf

die jeweiligen maßgeblich prägenden Faktoren der einwandernden Menschen, wird sich im Zusammenleben immer Trennendes, Feindliches auftun. Es ist wichtig, dass der Mensch lernt, dass er das Brauchtum nicht immer als Identitätsnachweis vorschiebt!
Was ist zu tun, dass der seit jeher mitschwingende Ungeist wegstirbt?! Das Ganze so zu belichten, dass Klarheit darüber herrscht, womit die jeweilige Tradition in Verbindung gebracht wird. Welcher Ungeist ist es, der immer wieder mit Brauchtum in Verbindung gebracht wird? Ungeist ist in diesem Zusammenhang also so zu verstehen, dass sich aus traditionellen Faktoren heraus politische Identifikationsmöglichkeiten gebildet haben, die dem sogenannten Ungeist zugleich kommen. Die Intoleranz ist ein kongenialer Teil jeweiliger Traditionen.
Wenn man sich mit dem Althergebrachten identifiziert, muss man sich im Klaren sein, dass sich dabei dieser Ungeist mitentwickelt. Was hat es aber dabei mit der menschlichen Weiterentwicklung auf sich? Im Grunde genommen liegt in den gelebten Traditionen jene Gefahr: nämlich die Nichtakzeptanz des Andersartigen.
Das positive Gegenteil dazu heißt: **Akzeptanz! Verständnis löst Polarisation ab.** Das vollzieht sich im Überarbeiten der jeweiligen Sichtweisen. Schritt für Schritt erfolgt eine Objektivierung. Dabei lernt man, dass jede Gruppierung eine eigene Erlebnissphäre hat. Im neuen Bewusstsein wird die Toleranz erarbeitet, den anderen in der jeweiligen Eigenheit auch so leben zu lassen.
Keine ethnische Gruppierung darf sich darin versuchen, deren Eigenheiten den anderen aufzuzwingen. Wenn jemand die jeweilige Tradition nicht leben will, darf derjenige nicht „an den Pranger gestellt werden“, also gesellschaftlich nicht ausgeschlossen werden, sondern man muss lernen das zu akzeptieren.
Es ist auch festzuhalten, dass viele Gruppierungen in ihren jeweiligen Sichtweisen sich zwar verschiedentlich ausdrücken, jedoch das gleiche meinen. „Der liebe Gott hat viele Gesichter.“ Der Mensch muss begreifen: Es geht im Leben und im Glauben nicht darum, wer den besseren Gott hat, denn Gott ist Gott.

„Das Fremde aktuell“

Durch die unkontrollierte Grenzöffnung (Österreich, Deutschland) im Frühjahr 2015 kamen viele Flüchtlinge geballt nach Europa. Die

vorhandene momentane Überpräsenz an „fremden“ Menschen in manchen Straßenzügen betroffener Städte beruht auf der Tatsache, dass diese Leute es gewohnt sind, sich auf Straßen aufzuhalten und diese als Begegnungsstätte sehen, wodurch der Eindruck vermittelt wird, hier findet eine Überfremdung statt. Das hat zur Folge, dass sich Einheimische nicht mehr sicher fühlen und sich daher aus der Öffentlichkeit immer mehr zurückziehen. Was natürlich zu einer subliminalen Polarisierung der jeweiligen Volksgruppen führt. Bei dieser Geisteshaltung besteht natürlich die Gefahr, dass sich hier Parallelgesellschaften entwickeln können, wodurch sich die gesellschaftliche Lage in diesem Land weiter prekär zuspitzt.
Auch hier gilt das lösungsorientierte Vorgehen nach dem psi-phänomenalen Grundsatz: Hinter jeder Ursache liegt wieder eine Ursache. Wir müssen als Gesellschaft beim Nährboden des Problems ansetzen. Das funktioniert nur durch Aufklärung und Erklärung ursächlicher Faktoren auf beiden Seiten. Erst durch das Verstehen der Dinge kann sich der sonst aufkommende Unmut legen. In weiterer Folge können daraus lösungsorientierte Maßnahmen für ein friedvolles Miteinander gesetzt werden.
Wie hat sich das jeweilige Bewusstsein geformt? Woraus hat es sich gestaltet? Wodurch sind Sichtweisen entstanden?
Aus den vorherrschenden Glaubensgrundsätzen und Dogmen haben sich Gedankenmuster gebildet, in weiterer Folge Verhaltensmuster.
Die Grundidee, Regulative für eine zivilisierte Gesellschaft zu schaffen, war notwendig, ist aber mit Fortbestand dem Missbrauch verfallen. Die zum Teil aus dem Mittelalter resultierenden Regulative, Doktrinen etc. haben teilweise immer noch Gültigkeit, haben somit noch Einfluss auf bestimmte Volksgruppen.
Wiederholt werden die gleichen (Denk-)Fehler gemacht: Der Mensch glaubt im vorherrschenden Gedankengut die Antworten zu finden und hängt damit in den nicht bewährten Strukturen fest. Mit dem Festhalten an Altem kann auch nur schwer Neues zugelassen werden. Automatisch werden geistige Innovationen sämtlicher Art sohin blockiert. Das Fundament – also das vorherrschende Gedankengut – aus dem der Mensch schöpft stellt schon den Anfang vom Ende dar, denn seine Bausteine bleiben dabei immer dieselben; es wird stetig nach denselben Strickmustern und nicht bewährten Strukturen aufgebaut. Der Mensch gerät

damit in dieselben Sackgassen, wobei sich die Geschichte ständig wiederholt – alles dreht sich im Kreis. Die dadurch „Fehlgesteuerten*" ebnen sich somit den Weg zur Hochkonjunktur im Missbrauch.
Aus Sicht der PSI-Forschung vollzieht sich Folgendes: Aus einem fehlgeschalteten, negativen, disharmonischen Empfindungsbereich kommt es autonom und unwillkürlich zu psi- und bioenergetischen Wechselwirkungen. Jemand der negativ empfindet, wird aufgrund des Resonanzgesetzes unwillkürlich Negatives erleben sowie letztlich auch produzieren.
Wenn sich die Unzufriedenheit im Volk vermehrt und entzündet – aufgrund politischer Versäumnisse – aktualisieren sich dementsprechende Bewusstseinsfrequenzen. Einhergehend birgt das die Gefahr, dass die Gesellschaft mit dem Auge des Kollektivs Schlüsse aus einer egobezogenen, manipulierten Sichtweise zieht und danach handelt. Aus Sicht der PSI-Forschung hat das irgendwann zur Folge, dass die Opfer zu Tätern werden.
Das, was einen verführt, kann nur durch Aufklärung entmachtet werden. Dabei gilt es zu bedenken, dass hinter allen Verführten auch Menschen stehen, die aus Überzeugung handeln. Ideologien, die aus nicht transformierter Geisteshaltung entspringen, sind dabei manipulativ; diese Ideologien wirken richtungsweisend. Sie suggerieren nämlich trügerisch den Menschen, was scheinbar für sie richtig ist. Anders formuliert: Die Menschen handeln falsch, weil sie falsch denken, falschen Überzeugungen aufsitzen. Die Verführten sind auch nur Opfer, die dies erkennen müssen.

Die LÖSUNG

Ideologien gehören zuerst überdacht, bevor man sie annimmt bzw. danach handelt.
Zum Thema „An was ich glaube" soll der folgende Absatz als eine Anregung zum Nachdenken/Überdenken verstanden werden: Der Glaube an sich ist ja etwas Befreiendes – **egal an was ich glaube.** Aber der Mensch darf sich dabei nie von etwas abhängig machen. Wenn er sich mit dem, an das er glaubt, **nur in positiven Regionen bewegt, dann bringt er auch positive Energie in Resonanz** und verursacht dadurch nichts Negatives. Wenn positive Energie

durch den Glauben an die Dinge freigesetzt wird, dann wird auch Positives geschaffen. Dabei ist es egal, wie das Übergeordnete genannt wird.

Das was nicht passieren darf, ist ganz einfach auf den Punkt gebracht: Der gläubige Mensch darf nicht zum Spekulanten werden! Das beweist sich in der ehrlichen Tat, nicht im spekulativen Tun, wie z. B. sich den Platz im Himmel erkaufen zu wollen oder zu spenden, um sündenfrei zu werden.
Wenn jemand sagt: „Ich glaube an gar nichts!“, muss das revidiert werden, denn jeder Mensch glaubt an etwas. Bin ich positiv orientiert oder bin ich negativ orientiert? Glaube ich an das Gute oder glaube ich an das Böse? Jeder Mensch spürt Positives oder Negatives. Dafür gibt es ja auch eine Resonanzebene*! Das heißt, um zu glauben braucht man nicht unbedingt ein Gesicht. Der Mensch ist es, der dem Glauben immer ein Gesicht gibt.

Fazit:

Die gegenwärtigen Bedrohungen in unserer zivilen Gegenwart lassen sich als Aufruf zu einer globalen Bewusstseinserneuerung verstehen und so gesehen liegt im Jetzt eine Riesenchance für ein wahrhaftiges Menschsein, ausgerichtet nach dem kosmischen Prinzip von Ursache und Wirkung.
Wichtig in allen diesen Prozessen der Bewusstseinstransformation ist eine **sachliche, übergeordnete Herangehensweise.** Den Dingen auf die Spur zu kommen, warum und weshalb so vieles aus der Balance gerät und geraten ist, ist von Bedeutung, um Maßnahmen setzen zu können, die dauerhaft eine Ausgewogenheit garantieren. Das funktioniert nur durch das Verstehen der Dinge.
Wichtig ist vor allem auch, begreifbar zu machen, dass an dieser Thematik, also der Transformation als seelische Entwicklung, keiner vorbeikommen wird. Die Seele des Menschen ist unabdingbar mit der kosmischen Energie verbunden. Dieser Gesetzmäßigkeit ist alles was lebt unterstellt.

Jede Ursache hat ihre Wirkung, jede Wirkung ihre Ursache!

Kapitel 3

„Das Spiel mit der Macht, die nämlich in die Ohnmacht führt“

Seit jeher war und ist der Mensch aufgrund seiner Lebensumstände anfällig dem Anschein zum Opfer zu fallen. Ein lebensblinder Mensch stellt natürlich das beste Instrument für negative Absichten dar. Einen Lebensblinden bezeichnet man als denjenigen, der blind im Handeln und im Tun ist, weil er jegliche Objektivität verloren hat.
Gutgläubig, aus einer fiktiven Erwartungshaltung heraus, fängt der Mensch an zu vertrauen. Mit dieser Veranlagung ist er nicht mehr in der Lage, Gefahren zu erkennen. Aufgrund seiner Disposition werden sie einfach ausgeblendet. Er verhält sich „lebensblind“, im Sinne von: Der Mensch weiß nicht, was tatsächlich warum passiert. Er kann somit nicht nachvollziehen, wie etwas in Zusammenhang steht, weil es ihm bewusst oder unbewusst vorenthalten wird bzw. nicht von klein auf gelehrt wird, auf das Wesentlichste Acht zu geben.

Der „lebensblinde“ Mensch und dessen Folgen

Das Fatale dabei ist, dass z. B. in der Politik von den jeweiligen Verantwortungsträgern mit diesen Faktoren zielgerichtet spekuliert wird! Was passiert, wenn Menschen leeren Worthülsen Vertrauen schenken?
Wenn beispielsweise ein Volk den entsprechenden Verantwortungsträgern naiv und blauäugig Vertrauen schenkt, dann aber aus der damit verbundenen Hoffnung die darauffolgende kollektive Enttäuschung folgt, stellt sich dies wie eine eigene Macht dar: der Ohnmacht der Ohnmächtigen wird sich bemächtigt und bedient. Damit das gelingt, wird das Volk bewusst in die Ohnmacht geführt! Denn die Ohnmächtigen bzw. die Enttäuschten sind in weiterer Folge viel leichter beeinflussbar.

Deshalb ist es immer ein Fehler – und das gilt für sämtliche Bereiche des Lebens – wenn der Mensch kein kritisches Unterscheidungsvermögen mehr an den Tag legt.
Ob Versäumnis oder Absicht – im Grunde ist es egal, Fakt ist: Bisher wird das Volk von den jeweiligen Verantwortungsträgern für dumm verkauft. Man schafft dadurch im Ergebnis eine bestimmte kollektive Vorstellung von den Dingen. Die auf Eigeninteresse ausgerichtete, zielgerichtete Suggestion ergeht sich in einer subtilen Manipulation von Gemütslagen der Bürger. Sukzessive wird der Bürger immer mehr entmündigt. Die sogenannte Freiheit (Freigeist) geht dadurch sukzessive abhanden. Es ist eine mittlerweile „kurze Leine", an der der Mensch hängt. Die Gesellschaft wird zum stillen Dulder erzogen.
Um diese Anfälligkeit zu unterbinden, gilt es grundsätzlich das Handeln und Tun zu hinterfragen. Generell sind dabei die Sinnesfragen zu stellen, um den wahren Hintergrund des Tuns oder Nicht-Tuns zu belichten: Was fühle ich und was tue ich – ist das wahrhaftig vertretbar? Was löst das in mir aus - und warum? Welchen Neigungen, Anfälligkeiten etc. sitze ich da auf? Aus welchen Gründen mache ich gewisse Handlungen, obwohl sie mir beispielsweise gar nicht behagen?

Die LÖSUNG

Scharlatanerie und auch Manipulation, Irritation in allen Dingen des Lebens lassen sich nur dann vermeiden, wenn ein **kollektives Grundwissen über die Gesetzmäßigkeiten der feinstofflichen Ebene** im Bewusstsein der Bevölkerung fundamental verankert ist. Aus diesem Grunde ist wichtig: Je früher der Mensch über kausale Zusammenhänge der grobstofflichen sowie der feinstofflichen Ebene aufgeklärt ist, desto weniger Anfälligkeit auf beiden Ebenen (Täter – Opfer beziehungsweise Macht - Ohnmacht) entsteht und dadurch lassen sich Kollateralschäden in allen Bereichen verhindern. Wichtig! Wenn diese Prozesse weiterhin nicht passieren, werden immer die Nichttransformierten die Macht haben und die „Fehlgeschalteten" in ihre Geiselhaft nehmen, indem sie deren Schwächen ausnutzen.

Beispiel (persönliche Meinung): Das Phänomen Trump

Hier erwächst aus einem Egoisten ein sogenannter Super-Egoist. Zum Begreifen egomanischer Faktoren ist er wichtig für diesen Zeitgeist. Nämlich zum Veranschaulichen wo es hinführt, wenn ein Super-Egoist die Zügel in die Hand nimmt. Seine Gegner brauchen jetzt gar nicht aufzuschreien, denn auch sie selbst sind Egoisten, die bis jetzt die Zügel in der Hand hatten. Somit sind sie die Erfinder von Trump. Er hat sich deren Möglichkeiten bemächtigt, aber mit noch weniger Skrupel. Trump ist die Blüte dessen, was die anderen, die glauben das Maß der Dinge zu sein, im Laufe der Geschichte hervorgebracht haben. Aus Sicht der PSI-Forschung hat alles „Verformte" die Tendenz sich noch mehr zu verformen. Trump als Super-Egoist veranschaulicht den Egoisten, wie es noch besser gehen kann: Trump ist nämlich kein Systempfleger im Gegensatz zu den anderen. Er pflegt nur sein eigenes System. Solche Menschen kennen keine Grenzen. Die Dualität ist aber nicht grenzenlos, nur das Universum ist es! Wer auf solchen Grundsätzen aufbaut und sich bemüht alles noch „besser" zu machen, der ist – aus der kosmischen Ordnung heraus – bereits zum Scheitern verurteilt.

Warum haben solche Menschen aber immer so eine Gefolgschaft?

Weil ihnen die „Fehlgeschalteten"* bedingungslos hinterherlaufen. Die Ursache liegt im Resonanzverhalten dieser Menschen. Beispielsweise wenn Dinge im Versprechen nicht erfüllt werden, läuft der Mensch Gefahr, dass alles was Vertrauen, soziale Gerechtigkeit etc. anbelangt, in seinen Grundfesten zerstört wird. Eine Bevölkerung, die diesem Resonanzverhalten ausgesetzt ist, öffnet automatisch Tür und Tor für Leute bzw. Interessensformationen, die sich der Volksseele bemächtigen. Leute wie Trump sprechen immer die Sprache der emotional Gesteuerten – derjenigen, die sich hilflos fühlen. Aus ihrer Verformung und Anfälligkeit heraus, identifizieren sich die Menschen mit diesen Machthabern.
Dem Analysieren des Resonanzverhaltens, um sich von etwaigen Anfälligkeiten zu lösen, kommt insofern eine große Bedeutung zu, da mit Kalkül mit bestimmenden Bewusstseinsfrequenzen spekuliert und taktiert wird.

Was führt also (immer wieder) in die Niederlage? Super-Egoisten, die die „Struktur der Egomanie" hervorgebracht hat, spielen sich als sogenannte „Stellvertreter vom lieben Gott" auf. Jene Egoismen, welche aus Fehlschaltungen entstanden sind, dürfen keine Entfaltungsmöglichkeit mehr haben. Etwaige Neigungen müssen transparent gemacht werden, damit sie sich gar nicht mehr so entfalten können. Das ist ein kollektiv wichtiger Faktor! Ansonsten wird der Mensch aus seiner Anfälligkeit, seiner latenten Neigung heraus, immer wieder den Super-Egoisten (z. B. Hitler) hinterherhecheln. Wenn solche Leute eine Gesellschaft in Geiselhaft nehmen, dann wird die Gesellschaft in deren Sog mitgerissen (Resonanzverhalten). Die Ursache dafür findet sich im Kadavergehorsam und ein solcher entsteht aus einem unterbelichteten Bewusstsein.

Warum landet der Mensch (immer wieder) in der Sackgasse?

Mangelnde Alternativen zur bisherigen Gedanken- und Verhaltensschablone (kollektives Bewusstsein) stellen die Ursächlichkeit dar. So wie die vorhandenen Strukturen gehegt und gepflegt werden und wurden (bewusst oder unbewusst), dienen sie jedenfalls den fehlgeschalteten Egoismen. Das bringt den Menschen in Disharmonie. Dadurch treten wiederholt negative Begleiterscheinungen auf, die die Weichen in die Niederlage stellen. Aus Sicht der PSI-Forschung liegt die eigentliche Gefahr in einem „unterbelichteten Bewusstsein" der breiten Bevölkerung. Deshalb liegen die eigentlichen, schwerwiegenden Versäumnisse der entsprechenden Entscheidungsträger darin, dass bewusst kein neues Bewusstsein geschaffen wird. In der Wahrung der vorherrschenden Bewusstseinsmatrix (= Vorstellungen aus untransformierten Gedankenmodellen) wird folgendes Szenario sichergestellt:
Aus der Resonanzebene werden die Menschen, die hinsichtlich ihrer Visionen (aus der Fehlschaltung heraus) ähnlich gestrickt sind, herausgefiltert, und werden durch z. B. Super-Egoisten für deren eigene Absichten geneigt gemacht. Das hat zur Folge, dass der Unwissende (im Sinne von unmündig) sich naiv und blauäugig, also mit fehlender Weitsicht, einem systematisch suggerierten Bewusstsein ausliefert, welches von Seiten gewisser mächtiger

Individuen bzw. Gruppen zum Eigennutz gestaltet und gesteuert wird. Man wiegt die Menschen in einer „Anscheins"-Sicherheit und in vielen Dingen werden sie einfach zum Narren gehalten. Leere Wortphrasen haben deshalb Macht, weil sie immer dort hineinzielen, wo die Schwächen, Befürchtungen, Sorgen und Ängste der Menschen liegen. Oder wo sie eben Hoffnung und Zuversicht entstehen lassen.

Die globale Reglementierung der Welt lässt sich mit unmündigen, angstbesetzten Bürgern um ein Vielfaches leichter vollziehen. Denn nur ein Unmündiger lässt sich leicht auf die falsche Fährte locken. Wie verhält sich ein Unmündiger? Er ist ergeben, steuerbar, händelbar, und das nur, weil der Unmündige all die Dinge nicht mehr kritisch beäugt.

Oft wird dabei auf Angstfaktoren gebaut und gezielt in Abhängigkeiten geführt. Ein Angstbesetzer vertraut den leeren Worten seiner Obrigkeit. Das zieht sich durch jede Matrix, durch jedes Konstrukt. Subliminal gesehen werden die Leute in eine übereinstimmende Grundhaltung gebracht, indem man beispielsweise Angst schürt.

Mit der übereinstimmenden, angstvollen Bewusstseinsgesinnung passiert unterschwellig im Kollektiv Folgendes: Resignation!

Genau das ist es, was erreicht werden soll. In Summe wird eine Instabilität in alle Richtungen erzielt. Der „Feind" des Menschen ist mitunter geboren, wenn Angst die Grundlage seiner Handlungen und Entscheidungen wird. Werden dabei vorherrschende Angstfaktoren nicht richtig kanalisiert, spielt sich die Problematik bis in die Persönlichkeit des angstbesetzten Menschen hinein. Die Angst macht blind. Angst erzeugt Scheuklappen, weil man Angst davor hat, was man da eventuell sehen könnte.

Unbewusst (oder doch gezielt?) steuert man unter diesen Voraussetzungen energetischer Natur geradewegs auf etwas hin, dessen weitreichende Auswirkungen aber keiner von uns Menschen mehr erleben möchte: kollektive negative Stimmungslagen. Wo führt das hin, wenn eine multiple Gesellschaft (weltweit) in der Bewältigung des Alltages immer mehr kippt? Im Visier der PSI-Forschung betrachtet: Gemütskranke Menschen unterschiedlichster Art führen zu einer allgemein kranken Bewusstseinsmatrix, was seinen Ausdruck im zwischenmenschlichen Verhalten und Umgang etc. findet. Mit einer solchen energetischen Voraussetzung steht

mehr Trennendes als Verbindendes im Raum. Solche Voraussetzungen auf feinstofflicher Ebene wirken in sich polarisierend!
Wenn der Mensch weiterhin aus dem vorherrschenden Bewusstsein heraus handelt, wird sich kein echtes Unrechtsbewusstsein bilden, denn Energien, die unterdrückt werden, suchen unwillkürlich Auswege. Man kann mit den Instrumentarien der PSI-Forschung all diesen Dingen auf den Grund gehen, indem man die Ursächlichkeit von Wesenszügen, die zu Auswüchsen aller Art führen, ergründet.
Es gilt gerade in diesen Belangen den psi-phänomenalen Hintergrund zu bedenken und zu erklären: Was vollzieht sich hier auf feinstofflicher Ebene?
Je öfter der Mensch negativ empfindet, desto massiver die Prägung. In Summe bilden sich energetische Konglomerate (Anteile). Diese Anteilsenergie* wirkt bestimmend auf den Empfindungsbereich des Menschen. Bei einem anteilsbesetzten Menschen kann man nicht mehr auf logische Erklärungen seiner Handlungen, Taten bzw. Absichten setzen. Wenn ein Mensch solchen Anteilen (Fremdenergien) aufsitzt, ist er teilweise autonom davon bemächtigt – er handelt als Fremdbestimmter.
Achtung: Es sind immer Egoismen mit negativem energetischen Background, die persönliche Vorteile produzieren, die auch den Antrieb darstellen, im eigenen Sinn zu handeln. Hier lauern die Schattenseiten des subliminalen Unterbewussten (Angestautes, Verdrängtes usw.). „Schatten" deshalb, weil diese Eigenschaften (Wesenszüge), die im Menschen Zwänge sowie unkontrolliertes Verhalten hervorrufen, noch nicht belichtet wurden.
Emotional nicht verdaute Impulse (Resignale) lassen dabei allumfassende Befürchtungswelten entstehen. Aus hintergründiger Sichtweise kommt es vermehrt zu negativen Interaktionen. Der Mensch läuft dabei Gefahr, von diesen unwillkürlich energetischen Prozessabläufen negativ tangiert und empfindungsmäßig übernommen zu werden. Wird ein negativer Anteil das Bestimmende im Menschen, ist dieser, ab diesem Zeitpunkt, nicht mehr Herr der Lage bzw. Herr seiner selbst. Diese Anteile (energetische Konglomerate*) geben unwillkürlich, impulsmäßig negative Feedbacks und verfälschen somit die Realität. Deshalb ist es so wichtig, den Leuten begreiflich zu machen, **dass alles Lebende**

einen psi-phänomenalen Hintergrund hat und dass sämtliche im Leben begleitende Vorstellungen aus der feinstofflichen Küche kommen!
Eines ist gewiss, wenn der Mensch seinen Schattenseiten nachgibt, wird er zum Verlierer. Das bedeutet, aus dem „Unartigen" wird mit der Zeit der „Entartete" (= kein Seelenwachstum!). Diese Gesetzmäßigkeit ist für den Menschen sehr gefährlich, da sich solch negative Anteile autonom ihren weiteren Weg bahnen – bis hin zu krankmachenden, zerstörerischen Auswirkungen.
Erst bei einem „Geläuterten" stellt sich Demut ein! Das Ganze wird sozusagen reflexartig gesteuert, läuft über Reflexe. Im Reflex der Betroffenheit (Belichtung): „Was habe ich bloß gemacht", stellt sich die Achtsamkeit (Sensibilisierung) ein. Durch die Transformation ist der Mensch nun selbst mächtig über diesen Teil des Bewusstseins. Die Denkprozesse spielen dabei eine wesentliche Rolle! Also wie der Mensch empfindungsmäßig den inneren Prozessen, den aufkommenden Gefühlen und einhergehenden Intensionsmustern gegenübersteht:

A) Ein Gegenreflex passiert und dadurch will der Mensch sich bewusst von den Anteilen bzw. aufkommenden negativen Intensionen distanzieren.

B) Der Mensch geht mit dem Gefühlten in Resonanz. Das heißt, er fängt an sich damit zu identifizieren (z. B. mit dem Gefühl der Genugtuung).
Wenn B) zum Tragen kommt, dann wird es brisant bzw. wird es schwer(er) sich jemals davon zu befreien.

Die LÖSUNG

Das **neu ausgerichtete Bewusstsein!** Diese Menschen sind nach dem kosmischen Fluss (Ordnung) ausgerichtet, welche **die Harmonie in den Vordergrund stellt.** Dazu gehört auch, dass man das hintergründige System erklärt bekommt: Prozesse, Welchselwirkungen die auf feinstofflicher Ebene passieren. Aus den Antworten ergeben sich Absichten und zwar für jeden Bürger: „Werde der Du bist und nicht wie andere dich wollen!"

Die Verantwortung liegt dabei bei jedem selbst. Werdungsprozesse haben mit der **inneren Bereitschaft** zu tun, **Einsichten zuzulassen.**
In der Erkenntnis über autonome Wechselwirkungen in allen zwischenmenschlichen Belangen kann der Mensch lernen dagegenzuhalten. Das Rezept ist die **Bewusstseinstransformation.** Der Mensch selbst muss und kann durch die Erkenntnis lernen, diese Anteile sukzessive zu entmachten.
Jedem muss klar sein: Die Menschen der vorherrschenden Bewusstseinsmatrix sind „Fehlgeschaltete". Im Umgang miteinander ist es auch erforderlich sich diese Tatsache immer vor Augen zu halten. Es gibt zwei Arten von Mensch: die Belichteten und die Unbelichteten. Im richtigen Umgang muss einem (noch) anteilsbesetzten Menschen gewisse Grenzen gesetzt werden.
Es gibt zwei Arten, wie man mit dem anderen (z. B. „Fehlgeschalteten") umzugehen vermag: Entweder ich verurteile (= vorherrschendes Gedankengut) oder ich gebe dem anderen eine Chance, damit er dadurch seine Dinge belichten (objektivieren) kann!
Nachhaltige Lösungen können nur aus einer kollektiven Introspektion (Selbstbetrachtung) hervorgehen. Die PSI-Forschung leistet hierzu – in der Forschung nach kausalen Zusammenhängen – unverzichtbare Dienste. Sie unterstützt eine allgemeine Bewusstseinsbildung hinsichtlich der Gesetzmäßigkeiten der feinstofflichen Materie. Dazu gehört das Erlernen, die Dinge zu hinterfragen: Was ist richtig? Was ist falsch? Es gilt sich für ein kollektives soziales Gewissen stark zu machen.

Fazit:

Der erste Schritt aus hintergründiger Sicht zur positiven Veränderung ist, dass der Mensch begreifen muss, die Dinge nicht als unveränderbar hinzunehmen. Es soll den Menschen wieder ein Anliegen sein, genau hinzusehen, lösungsorientiert zu denken und zu handeln.
Erst wenn man das Gemeinsame wertschätzt, versteht wie sich menschliches Miteinander gestalten lässt, kann man sich tatsächlich für das Verbindende einsetzen! Nur so lassen sich Super-Egoisten in Zukunft verhindern!

KAPITEL 4

„Gesunde Resonanzebene"

Mit diesem Postulat hält der Mensch die Erklärung und Aufklärung in Händen zum **Mensch werden – Mensch sein – Mensch bleiben.**

- Wer bin ich?
- Woher komme ich?
- Wohin gehe ich?
- Was macht mich aus?
- Was hat mich geformt und geprägt?

Zur gesunden individuellen Entfaltung braucht jeder Mensch von Anfang an eine gesunde, ehrliche Resonanzebene. Bleibt das aus, führt das unweigerlich zu weitreichenden Kollateralschäden.
Die entscheidenden Weichen werden in den ersten Lebensjahren gestellt. Jeder ist mit einem gewissen Grundmuster, die in den jeweiligen Familienstrukturen vorherrschen, herangewachsen und davon geprägt. Wie der Mensch tickt, nach welchen Kriterien sich sein gesamtes Sensorium ausrichtet, dafür zeichnet sich in erster Linie die genetische Quantenverbundenheit[5] zur Mutter und der subliminalen Umgebung verantwortlich. Jeder Mensch hat somit seine eigene Geschichte, die zum Bestimmenden wird.
Aus den jeweiligen vorherrschenden Glaubensgrundsätzen, Dogmen etc. werden Gedankenmuster gebildet und in weiterer Folge Verhaltensmuster – und zwar von klein auf. Es gilt den Blick darauf zu richten, was einem Menschen also in den ersten Jahren widerfahren ist, z. B. emotionaler, psychischer oder physischer Schmerz. Jeder Empfindungsreflex (seelisch, emotional, mental usw.) birgt eine psi- und bioenergetische Frequenz in sich, welche, wenn negativ, sich auch entsprechend negativ mental strukturiert. Je häufiger negativ empfunden wird, desto stärker die Strukturierung (Prägung). Diese Prägung ist es nun, welche sich wiederrum reflexiv auf das Grundempfinden auswirkt.

5 siehe Begriffserklärung* Seite 88

Sprich: Als Kind ist man resonanzgesteuert, man entwickelt sich aus dem Umfeld heraus. Das Gefühlsleben wird von den entsprechenden, vorherrschenden Grundmustern geleitet. Doch wie positiv, also nach Harmonie ausgerichtet, schaut es in der vorherrschenden Gedanken- und Verhaltensschablone inhaltlich aus? Es ist erforderlich, den Wesenskern der prägenden Gedankenschablone (Bewusstseinsfrequenz) unter die Lupe zu nehmen.
Im 21. Jahrhundert hat sich die Menschheit ein „falsches" Bewusstsein (also ein falsches Verständnis über die Dinge) erarbeitet: Das ist so, als würde man in der Natur ein junges Pflänzchen in einen kontaminierten Boden einpflanzen, im Glauben, dort die besten Voraussetzungen für das junge Pflänzchen geschaffen zu haben. Doch hart ausgedrückt: Beim Großziehen seines Nachwuchses tut der Mensch genau das, was er in der Natur nie tun würde. Er setzt das Saatgut in „verbrannte Erde" (alte Bewusstseinsmatrix). Wenn jedoch am Saatgut selbst nie etwas verändert wird, werden die Auswirkungen dieselben bleiben. So wie der Mensch aber bisher mit seinen Eindrücken negativer Natur umgeht, entsteht ein immer stärkerwerdender verseuchter Nährboden. Die bereits „Fehlgeschalteten" (Fehlgeprägten) prägen und lenken die nächste Generation. Das Negieren feinstofflicher Gesetzmäßigkeiten und daraus resultierender autonomer Wechselwirkungen bringt folgendes Szenario zutage:
All das Unverarbeitete in den jeweiligen Leben (Empfindungseindrücke/-abdrücke negativer Natur) wirkt (den Inhalten entsprechend) bestimmend auf den Neuankömmling und das bereits in der pränatalen Phase, aufgrund der genetischen Quantenverbundenheit.
Mit all diesen negativ belastenden, subliminalen Faktoren (psi- und bioenergetischer Ansammlungen) wird infolge der Mensch wieder und wieder **infiltriert** und **geprägt**.

Genetische Quantenverbundenheit

Das Kind ist bereits im Mutterbauch (also im Werden) mentalen und emotionalen Schwingungen ausgesetzt. Dabei baut sich das neurologische und sensorische Gerüst des Kindes auf. Durch die sogenannte genetische Quantenverbundenheit entsteht eine autonome Wechselwirkung zwischen Kind und Mutter. Wenn zum Beispiel in dieser Phase für die Mutter schmerzliche, emotional bedrückende Erlebnisse passieren, wird automatisch der emotionale Eindruck auf subliminale Weise an das werdende Kind weitergegeben, worauf sich dieser Eindruck an der werdenden energetischen Matrix des Babys verankert. Dadurch entsteht eine emotionale wie mentale unsichtbare „Nabelschnur" zur Mutter. Auf unwillkürliche Art und Weise beginnt sich das werdende Kind darauf einzustellen bzw. auszurichten. Somit ist die erste Phase der emotionalen wie mentalen Falle in Kraft getreten.

Das Kind kommt zur Welt = Psi-Quantensprung*

Durch den sogenannten Psi-Quantensprung entwickelt sich beim Neugeborenen die Kanalisierung des sechsten Sinnes. Das hat wiederum zur Folge, dass über den entstehenden Psi-Kanal Strukturierungen auf der mentalen wie emotionalen Ebene passieren, die in der Quintessenz aus den potentiellen Eigenschaften der Vorleben herrühren. Folglich hat die Weiterentwicklung des Kleinkindes zwei tragende Komponenten:

A) die Prägeanteile der Mutter und die der subliminal einfließenden Umgebung sowie

B) die strukturellen Eigenschaften der vorhandenen Psi-Matrix* des Kleinkindes.

In den ersten sechs Jahren ist die Strukturierung aus der Psi-Matrix um etliches potenzierter als die Prägefaktoren der Umwelt bzw. der Mutter. In dieser Phase entstehen über die potenzierte Psi-Veranlagung im Kleinkind Sichtweisen, die den jeweiligen Erfahrungswerten der Vorleben entsprechen. Die intensive Präge- und Erlebnissphäre des Kleinkindes durch die Mutter und die der subliminal einfließenden Umgebung (Vater, Großeltern usw.) dauert in der Regel bis zum achten Lebensjahr.

Die Entstehung der Bipolarität

Es entsteht im Kleinkind eine Bipolarität*: 1. durch die Prägeanteile der Mutter, 2. durch die Prägeanteile der Psi-Matrix. Dadurch entwickelt das Kind erste Ambivalenzen, was sich auch im Verhalten ausdrückt.

Das Kind spürt nämlich keine Zugehörigkeit in der vorhandenen familiären Struktur, da es mit dem gespeicherten Wissen aus der Seelensequenz nur bedingt etwas anzufangen weiß. Es entstehen im Kind erste Ängste und Zweifel (Wer bin ich? Woher komme ich? Wohin gehe ich?).

Aufgrund dieses angstbesetzten elementaren Ereignisses im Kind selbst, kommt es im Reflex zur bedingungslosen emotionalen Verbindung zu den vertrauten Personen, um sich die entsprechenden Sicherheiten einzuverleiben. Durch diesen Reflex entsteht in dieser Phase eine Abhängigkeit in erster Linie zur Mutter – eben durch die Quantenverbundenheit, die auch hier den emotionalen Versorger darstellt.

Daraufhin beginnt das Kind, sich immer mehr an den Verhaltensmustern der Mutter zu orientieren. Was wiederum zur Folge hat, dass es die Muster der Mutter übernimmt, die dann mit der vorhandenen Psi-Struktur kollidieren. Durch die entstehenden Zweifel und Ängste werden die Weichen in die persönliche Niederlage gestellt. Und zwar deshalb, weil sich das Kind durch die vorhandenen Ängste bedingungslos an der vordergründigen Prägung (Umfeld) orientiert. Sämtliche Faktoren, die sich im Reflex energetisch im Kleinkind niederschlagen, haben zur Folge, dass sich aus diesen Anteilen autonome Anteile energetischer Natur herausbilden, welche bestimmend über den Empfindungsbereich des Heranwachsenden werden.

Beispiel: Das Kind einer fehlgeschalteten Mutter

Obwohl das Kind vordergründig noch nicht verstehen konnte, wodurch sich seine Mutter vernachlässigt und enttäuscht fühlte in den Abläufen des Lebens, wurde es autonom und unwillkürlich mit deren negativen Gefühlen (resultierend aus der subjektiven Enttäuschung) überlagert.

Über die „energetische Nabelschnur“ der Quantenverbundenheit wurde das Kind von Anfang an mit allen Empfindungseindrücken der Mutter autonom gespeist. In den ersten Lebensjahren kam hinzu, dass das Kind zum „mütterlichen Trost“ oftmals im Ehebett die Seite seines Vaters einnahm, weil dieser nicht zu Hause war. Je länger die Abwesenheit des Vaters dauerte, desto stärker überkamen die Mutter Ängste und Sorgen, wo er denn solange verweilte. Gefühle der Vernachlässigung und der Eifersucht kamen in ihr auf. Von Stunde zu Stunde wurde dabei die Wut, der Hass der Mutter größer. Durch die negative Gemütslage wurde bei der Mutter das sogenannte eigene „verletzte Kind“ (= Empfindungseindrücke negativer Natur aus Enttäuschung und Ängsten etc.) hervorgelockt und durch die einhergehende energetische Emission in den Momenten des negativen Empfindens subliminal auch in die energetische Matrix des Kindes oktroyiert.

Autonom und unwillkürlich entstand dabei im Kind ein energetisch negativer Abdruck, was mit sich brachte, dass beim Kind ein den Eindrücken entsprechendes assoziatives, negatives Männer- und Frauenbild aufgebaut wurde. In Summe hinterlassen solche Eindrücke (Abdrücke feinstofflicher Natur) weitreichende Kerben, da jegliches Urvertrauen zerstört wird und Zweifel und Skepsis entstehen. Dies drückt sich in Folge in einem distanzierenden Verhalten aus. Im Irrglauben, man könne seinen Partner besitzen und Liebe erzwingen, wuchs das Kind auf. Dabei bekam es dutzendfach mit, dass das Leben so nicht lebbar ist. Eifersuchtsszenen mütterlicherseits waren mehrere Male in der Woche angesagt. Diese trafen jedoch auf völliges Unverständnis väterlicherseits.

Aber beidseitiger fauler Kompromiss ließ Mama und Papa zusammenbleiben; dem Kind wurde dabei jedoch nie erklärt, warum und weshalb, es wurde immer nur Zeuge von den ständig wechselnden Gefühlsausbrüchen. Dadurch entstand im Kind selbst ein großes Vertrauensproblem und es fühlte sich in diesen Momenten verletzt, enttäuscht und von beiden Seiten benutzt und verraten. Mit den aufkommenden Gefühlen wusste es nicht umzugehen, es verdrängte. Jedoch aus der subjektiv erlebten inneren Not (Hilfslosigkeit, Wut etc.) entwickelten sich energetische Konglomerate negativer Natur.

Das Ursache-Wirkungs-Prinzip sorgte dafür, dass das Kind in seinem späteren Leben zu diesem „wunden Punkt“ geführt wurde, um ihn überwinden (objektivieren) zu können. Damit eben diese Objektivierung passieren kann, braucht es äußere Umstände, Ereignisse, Personen etc. zur Sensibilisierung.

Das Kind von damals ist mittlerweile 35 Jahre alt und lebte lange, wie es sich selbst ausdrückte: „Wie emotional beschnitten.“ Beschnitten von sich selbst. Egal was bzw. wie es Beziehung lebte, es fühlte sich leer und irgendwie nie vollständig an – ein innerer Zwiespalt ohne Ende. Dabei sehnte es sich nur nach Liebe und wollte sich dabei unbeschwert fühlen können. Es würde so gerne vertrauen können ohne jeglichen Hintergedanken an Verlustängste. Ebenso möchte es unbeschwert auf andere zugehen können bzw. einfach nur das Leben genießen können ohne die Getriebenheit von Versagensängsten. Doch ein ständiges angespanntes Inneres bzw. Angst- und Misstrauensgefühle wurden zum Begleiter in allen Beziehungen. Insgeheim traute „das Kind“ (bis dahin) niemanden, vertraute nicht mal sich selbst.

Das vorherrschende Problem:

Die Ursächlichkeit, warum Liebe, Nächstenliebe und Empathie nur so schwer umgesetzt werden kann, findet sich in der Prägung. Im Heranwachsen des Kindes baut sich das Resonanzverhalten auf. Die Auswirkungen einer z. B. lieblosen, berechnenden, überzogenen etc. Erziehung sind weitläufig. Ohne darauf Einfluss nehmen zu können, werden wir als Kind geprägt. Das Gedankengut nimmt in unserem Leben auf unser zwischenmenschliches Sein bestimmend Einfluss. Wenn nun der Mensch, der Heranwachsende, seine erlebten Empfindungen nicht richtig kanalisieren kann, lagern sich diese negativen Einflüsse in Form von psi- bzw. bioenergetischen Empfindungsreflexen in seiner energetischen Matrix ab.
Je öfter und intensiver negative Empfindungen erlebt werden, desto massiver die Prägung. Das erklärt auch, warum oftmals der Mensch nicht in sich ruhen kann. Die innere Unzufriedenheit rührt aus der Bipolarität frühkindlicher Prägung.

Die LÖSUNG

Das eigentliche Potential – also das Maximum an menschlicher Reife, den jeweiligen Umständen gewachsen zu sein – trägt der Mensch (meist unberührt) in Form seiner Psi-Codierung in sich. Weil der Mensch nach der Gesetzmäßigkeit von Ursache und Wirkung funktioniert, kommt es zu einer inneren Polarisierung.
In der gelebten Dualität liegt der eigentliche Auftrag des Menschen in seiner Bewusstseinstransformation (= **Seelenreife**). Darum ist es auch im Leben ein wichtiger und unumgänglicher Prozess, zu realisieren, warum und wodurch es zur Polarisierung gekommen ist. **Es ist von größter Bedeutung, den eigenen bisherigen Lebensweg verstehen zu lernen.**
Nach erfolgreicher Bewusstseinstransformationsarbeit ist der Mensch in der Lage, zukünftig ohne Schuldzuweisung auf sein bisheriges Leben zurückzublicken. Er hat sukzessive gelernt, seine Empfindungswelt zu verstehen und assoziative negative Musterverhalten zu objektivieren.

„Die Wurzel des Übels" beheben!

Die Schuldzuweisung ist ein Kardinalfehler der den Menschen immer wieder in einen emotionalen Notstand bringt!
In der herkömmlichen Bewusstseinsmatrix wird nicht über Ursache nachgedacht, sondern **es wird nach Schuld gesucht (Kausalnexus).** Das Grundübel ist die Unkenntnis der Funktionalität der bestimmenden Kräfte! Wenn es nicht am entsprechenden Bewusstsein fehlte, dass es keine Schuld, sondern nur Ursachen gibt, würde das Spiel der Kräfte ganz anders aussehen. Solange es Schuld gibt, wird es auch immer Opfer und Täter geben. Das gilt es zu belichten und zu verändern, um aus diesem Kreislauf ausbrechen zu können.
Das Bewusstsein wird erneuert, **wenn nach den Ursachen hinter den Ursachen gefragt wird.** Das Resultat dieser Prozesse bedeutet

für den Menschen, dass er aus einem Bewusstsein schöpfen kann, welches er sich durch die Objektivierung etwaiger Persönlichkeitsverformungen erarbeitet hat.
Im Ergebnis bedeutet dies, dass er die menschliche Reife erlangt hat und resonanzunabhängig und selbstbestimmt reagieren und agieren kann.

Wenn es im Leben keine Schuld mehr gibt, sondern nur noch Erforschung und Belichtung der Ursache(n), dann hat der Mensch die Chance, in eine gesunde Mitte zu kommen und in der gesunden Mitte zu bleiben.

Die kollektive Veränderung gelingt nur, wenn die Menschen zurück zum Ursprung des Übels gehen und dort anfangen, die Veränderung einzuleiten.

Kapitel 5

Gesundes Bewusstsein ist der Hüter der Seele!

Mittels einer Bewusstseinshygiene, ausgerichtet nach der kosmischen Ordnung und einer gesunden Bewusstseinserziehung von klein auf, wird man zukünftig in der Lage sein, die feinstoffliche Ebene „sauber“ zu halten.
Der Mensch zieht seine Schlüsse aus dem Unterbewusstsein:
Schaffen wir also ein neues, gesundes Bewusstsein, damit verhindert wird, dass Fehlschaltungen zu einem falsch belichteten Unterbewusstsein führen!
Dadurch wird der Mensch in der Lage sein, selbstbestimmt und nicht fremdbestimmt seine Entscheidungen treffen zu können.

Daher gilt es genau hinzusehen:
Was treibt den Menschen in seine Handlungen und Überzeugungen?

Der Mensch lebt und agiert bisher viel zu unbedacht. Er muss lernen, Verantwortung für seine Gefühle zu übernehmen. Unser gesellschaftliches Ziel darf kein geringeres sein, als Menschen zur totalen ~~Objekt~~ivität zu erziehen.
Aus Sicht der PSI-Forschung gilt: Verursachen wir bei unseren Kindern keine negativen Engramme!* (siehe Kapitel 7)
Wenn wir das verhindern, dann leben wir wirklich in einer heilsamen Welt. Dieser Erziehungsfaktor ist am Wichtigsten, weil frühkindliche Engramme eine enorme Tragweite haben.
Wenn sich Kinder verstanden fühlen, angenommen fühlen, hat man dem Übel den Zahn gezogen. Die Menschen ~~müssen~~ erkennen, wie wichtig es ist, in der Begleitung eines Heranwachsenden Liebe bedingungslos geben zu können. Ein (mit)entscheidendes Detail in der Bewusstseinstransformation ist die Erklärung bzw. Neudefinition von Liebe. Das Handeln der Menschen mittels neuem Bewusstsein basiert auf Grundlage der universellen Liebe. Wichtig: Die universelle Liebe ist jene, die den Menschen aus der Verantwortung handeln lässt: bedingungslos und uneigennützig.

Damit sich der heranwachsende Mensch wahrhaftig entwickeln kann, braucht es von Anfang an ein nach Harmonie ausgerichtetes Bewusstsein. Damit lässt sich unbeschadet der jeweilige Lektionsweg vollziehen: nämlich aus etwaigen Schwächen Stärken zu machen und Überzogenes in Balance zu bringen.
Aus der Verantwortung und im Wissen worauf es in der Erziehung (Prägung) ab sofort zu achten gilt, lässt das harmonische Bewusstsein den Erwachsenen von heute mutig und willensstark seine eigene Bewusstseinstransformation vollziehen. Jeder Tag bietet dazu die Gelegenheit, den vorherrschenden Geist durch den neuen Geist zu ersetzen. Im Verständnis, dass sich im Fundament der vorherrschenden Bewusstseinsmatrix alles wiederfindet, was den Menschen entarten lässt, muss es der Gesellschaft eine Herzensangelegenheit sein, alles zu tun, was Harmonie schafft und erzeugt!
Damit sich hier etwas Grundsätzliches verändern lässt, muss zuerst der Mensch in der Lage sein, nachvollziehen zu können, wodurch die entscheidenden Fehler (Ursachen) passieren:

Familienkonstrukte und deren weitläufigen Auswirkungen auf subliminaler Ebene*

In alten, ländlichen Konstrukten ist beispielsweise das Familienleben über Generationen hinweg schon eine beschlossene Sache: Wer heiratet wen? Wer übernimmt den Hof? Von Anfang an steht hier nicht der Mensch als solches im Vordergrund, sondern die Person als Mittel zum Zweck. Individualität zählt nicht. Das Funktionieren für die Sache steht an erster Stelle. Alles andere wird nicht geduldet. Der „Familienzusammenhalt“ kommt aus der Manipulation, der subjektiven Wahrnehmung aus dem Kadavergehorsam heraus und bedeutet bedingungslose Unterordnung. Die Konstellation „Familie“ wird bei ehrlicher, tiefgründiger Betrachtung – unter der Lupe der feinstofflichen Ebene – oftmalig aus Berechnung gelebt. Familie heißt, es geht im Eigentlichen um einen selbst. Der eine schafft es beispielsweise, dass er zum „Liebkind“ im Familienclan wird, ein anderer nicht. Eine subjektiv gefühlte Nichtbeachtung löst beim Betroffenen immer eine große Verunsicherung aus, mit weitreichenden Spätfolgen.

Weiters passieren manchmal in der Familie Dinge, die nicht passieren dürfen z. B. sexueller Missbrauch. Die daraus folgenden seelischen Verletzungen werden zum ständigen Lebensbegleiter und oft erst Jahre danach durch Krankheiten manifest ersichtlich. Beim Opfer wird zwar vordergründig vieles durch die Realitätsverweigerung (Erlebnissphäre bei der Tat) ausgeblendet und entzieht sich dadurch der bewussten Erinnerung. Aber in der energetischen Matrix des Opfers speichern sich sämtliche gravierende Erlebnisse als Empfindungsimpulse ab (Subliminalebene*). Was bei der Tat empfunden wird (der Impuls des Täters), schwingt natürlich beim Akt mit. Beim Opfer spielen zwei vorherrschende Faktoren eine entscheidende Rolle:

A) das kindliche Bewusstsein und
B) die seelische Wahrnehmung.

Aus dem Erleben (das was energiemäßig Einfluss genommen hat), bilden sich mentale wie emotionale Abdrücke, welche in Folge zu Fehlschaltungen und in weiterer Folge zu Verformungen jeglicher Art führen. Symbolisch gesehen sind es emotionale, mentale Brandherde, welche den Menschen ein Leben lang verfolgen und dabei unwillkürlich entfacht werden. Über das latent negative Empfinden entstehen psi- und bioenergetische Impulse, welche mit der Zeit negative psi- und bioenergetische Verdichtungen aufbauen. Das ist der Nährboden für sämtliche Krankheiten. Kommt im späteren Leben beispielsweise die Erinnerung zurück, aktualisieren sich diese energetischen Konglomerate unvermittelt, was zur Folge hat, dass sich daraus über Nacht die Krankheitssymptomatik manifestieren kann.
Aus Sicht der PSI-Forschung ist es wichtig zu realisieren, dass es genauso wie es sich mit der grobstofflichen Materie verhält, auch unverrückbare Gesetzmäßigkeiten auf feinstofflicher Ebene gibt:

Jeder Mensch hinterlässt Spuren physisch, aber auch aus seinem seelischen Dasein.

Man (muss) sich bewusstmachen, dass das alles auch auf die unmittelbar umgebende Umwelt abfärbt.

Weil man autonom mit den unwillkürlich freiwerdenden energetischen Emissionen infiltriert wird.
Die Kinder sind da oftmals die Leidtragenden. Als Kind selektiert man noch nicht. Man begreift noch nicht, welche Fehlschaltungen im zwischenmenschlichen Sein bei den Erwachsenen dabei bestimmend sein können. Man hinterfragt sich: „Pass ich nicht oder die anderen?“ Man beginnt sich anzupassen an das, was man sieht. Dabei wird die Verformung der anderen zur eigenen Verformung. Die eigene Fehlentwicklung basiert auf den emotionalen Enttäuschungen der anderen (Familie, Umfeld usw.).

Das vorherrschende Problem:

Die Ursache jeglicher Fehlentwicklung des Menschen ist immer die gleiche. Die meisten Menschen leben aus den „Erbsünden“ der Eltern heraus. Deren eigenes Unvermögen und daraus entstehende Defizite bekommt die nächste Generation subliminal vererbt. Was (schon) bei den Eltern fehlgesteuert und verformt ist, übernimmt man unwillkürlich subliminal. Die fehlgeschaltete Emotionalität färbt auf die eigene Persönlichkeit ab.
In den meisten Konstrukten entwickelt sich der Heranwachsende mit der vorherrschenden ideologischen und psychologischen Zwangsjacke – von Anfang an.
Aufgrund des allgemeinen vorherrschenden kollektiven Bewusstseins wird der Mensch regelrecht dahingehend geformt und verformt, nach den eigenen Vorteilen zu schielen, ohne dabei darauf zu achten, dass andere unversehrt bleiben. „Friss oder stirb“ heißt die Devise. Der Frust des Alltages, das Rad des Funktionierens hinterlässt bereits signifikante Spuren im Zwischenmenschlichen.
Wenn sich am Grundmuster (Gedankenschablone) nichts verändert, kann sich Zukünftiges auch nicht verändern! Die vorherrschende Bewusstseinsmatrix, so wie sie sich aus den verschiedenen Sichtweisen zusammensetzt, ist abzulehnen. Begründung: Alles Menschliche (Empathische) fällt im Zuge des Dahinlebens durch den Rost des Unterbewusstseins. All das, worauf sich der sogenannte familiäre Zusammenhalt aufbaut, macht auf Sicht gesehen krank. Schränkt den Menschen als Individuum in dessen Entwicklung mitunter stark ein.

Das jeweilige vorherrschende familiäre Konstrukt wird zum Prägestempel des Einzelnen. Im Versuch dieser oktroyierten Zwangsjacke zu entkommen, wird der Mensch dabei immer mehr zum Verformten (Fehlentwickelten). Man entwickelt sich dabei oft z. B. zum Außenseiter. Vor allem aber öffnet diese latente negative Gefühlslage Tür und Tor zu niedrigeren Anteilsenergien. Subjektiv erlebte emotionale Enttäuschungen können auch soweit führen, dass man aufgrund der eigenen subjektiven Sichtweise zum beinharten Egoisten wird (z. B. „Euch zeig ich es!").
Intensionsmuster, Gedanken etc. aus niedrigeren Energien, resultierend aus der feinstofflichen Ebene, sind sehr einschränkend und verurteilend. Die Basis stellt die innere Not dar, woraus Angst resultiert. Auf Dauer geht die zwischenmenschliche Empathie verloren, was mitunter zu einem indifferenten Verhalten führt. Hier findet sich die Brutstätte des Heimzahlers, Neiders usw. Der Mensch kann dadurch beispielsweise ins Kriminelle abrutschen. Es gilt zu erkennen, dass es sich hier um feinstoffliche Mechanismen handelt, mit weitreichenden Folgen. Das Fundament der vorherrschenden Bewusstseinsmatrix heißt Unehrlichkeit. Der Zusammenhalt basiert auf Eigennutz, als Mittel zum Zweck, Verschwiegenheit usw. Dem Heranwachsenden fehlt ein gesundes, nach Harmonie ausgerichtetes Fundament. Das ist die Grundlage der Friedfertigkeit. Das universelle Urvertrauen in das Leben und ein gesundes Wertegefühl entwickeln sich aus jenen inneren Prozessen, die ein Heranwachsender aus der ehrlichen Anteilnahme an seinem Selbst erspüren und erfassen kann. Dieses Gefühl, der bedingungslosen Akzeptanz als Mensch, was einem im Heranwachsen im Zwischenmenschlichen von Vater und Mutter und der subliminalen Umgebung vermittelt werden sollte, baut die Brücke zur späteren, gesunden Selbsteinschätzung. All diese nonverbalen Aspekte der wahrhaftigen, bedingungslosen Liebe stellen eine entscheidende Weiche zur weiteren Persönlichkeitsentfaltung des Heranwachsenden.
Bleibt das aus, entsteht unweigerlich ein Schaden. „Hätten's mich verstanden und begriffen in der Familie, wäre ich ein ganz anderer geworden!", so oder so ähnlich resümieren viele Menschen.

Beispiele, die zu einer Fehlentwicklung führen:

- wenn man vom Umfeld, aufgrund des kollektiven Entwicklungsstandes, im Umgang miteinander missachtet wird;
- wenn man das Gefühl vermittelt bekommt, das fünfte Rad am Wagen zu sein;
- wenn man den Eindruck vermittelt bekommt, man ist nicht gewollt;
- wenn der Eindruck entsteht, als Mensch nicht wertvoll zu sein, indem suggeriert wird, man entspricht nicht den Vorstellungen;
- wenn einem eingebläut wird: „Sei ja brav und mach mich glücklich!" „Mach mir keine Schande!" etc.

All das hat zur Folge, dass man in seiner emotionalen, menschlichen Entwicklung auf der Strecke bleibt. Der sogenannte wunde Punkt (= Empfindungsimpuls) zieht sich meist bis ins spätere Leben des Erwachsenen hinein, denn in diesen Prozessen des subjektiven, negativen Empfindens, formt sich die Substanz negativer Charaktereigenschaften und Absichten sämtlicher Art. Im Versuch dieser Zwangsjacke (Pflichtprogramm, Schema F) zu entkommen, wird man verlogen, linksgestrickt, dreist, manipulativ, selbstgerecht, intrigant usw.

Als Kind hat man keine Chance, sich nach den kosmischen Prinzipien zu entwickeln, man wird von den vorherrschenden Bewusstseinsfrequenzen autonom infiltriert und geprägt. Das führt dazu, dass sich aus Fehlschaltungen Fehlentwicklungen bilden und von einer Generation zur nächsten Generation weitergegeben werden. Was folgt ist ein wiederkehrender Kreislauf von Enttäuschung, Kränkung usw. Der Betroffene macht im Reflex emotional zu, zeigt keine Emotionen mehr. Um sich weitere Verletzungen zu ersparen, zieht man sich in sich zurück, verschließt sich oder man entwickelt krumme Gedanken usw. Daraus kann sich kein gesundes Wertegefühl beim Heranwachsenden einstellen. Stattdessen entwickelt sich hier ein Leben aus der latenten Verunsicherung. Die Selbsteinschätzung ist gering, man misst seiner Person keine Bedeutung zu. Ein Verlierergefühl entsteht und eine miteinhergehend dementsprechende Signalwirkung (= das Gesetz der Resonanz!).

Die Folge daraus: **Man entwickelt sich zum Enttäuschten.** Tiefe Traurigkeit, Verletztheit wohnt in einem tief drinnen etc. In dem Moment, wo die emotionale Enttäuschung passiert, bleibt derjenige immer mehr in dem jeweiligen Sichtfenster hängen. Wenn die Prozesse der inneren Einkehr (Einsicht und Umsicht) ausbleiben, werden die Enttäuschten irgendwann zu sogenannten „Entgleisten".

Beispiel: Die Entwicklung zum „Trostlosen"

Obwohl es ihm an nichts fehlte – also Haus, Besitz, Reisen, ruhmreiche Arbeit etc. – erfüllte die Person dieses Leben plötzlich nicht mehr. Er fühlte sich nicht mehr belastbar, wurde arbeitsunfähig und zum ständigen „Grantler".
Er wurde mit einem eigenen Seelenauftrag (Psi-Codierung) geboren. Seine vorhergesehene Persönlichkeitsentwicklung liegt in seiner sogenannten karmischen Bestimmtheit. Allerdings ist viel passiert, was nicht nach seiner eigenen Vorstellung gelaufen ist. Von frühester Kindheit konnte er sich nicht so entwickeln, wie er es wollte.
Ohne hintergründiges Wissen kausaler Zusammenhänge konnte er all die unverdauten Emotionen nicht richtig kanalisieren, wodurch er immer mehr zum Enttäuschten geworden ist – er hat an der eigenen Bestimmung vorbeigelebt – und zog sich in sich zurück.
Aus Sicht der PSI-Forschung lässt sich feststellen, dass die Enttäuschung sozusagen einen eigenen Antrieb hat. Es handelt sich um ein energetisches Konglomerat, z. B. aus dem Gefühl des zurückgewiesenen, ignorierten und verletzten Kindes, welches sich (autonom) unwillkürlich bestätigen will! Aus dem fehlgesteuerten Resonanzverhalten folgt, dass der Enttäuschte mit der Zeit mit einer positiven Zuwendung gar nichts mehr anzufangen weiß. Das lässt sein eigenes negatives Wertegefühl gar nicht mehr zu! Dieser Umstand zeigt sich im späteren Leben oft als Teufelskreis in allen zwischenmenschlichen Belangen. Denn das spätere Umfeld eines Enttäuschten (Lebenspartner, Freunde etc.) wird regelrecht in eine Reaktion gedrängt, die die Legitimität des Enttäuschtseins aufrecht erhält.
Dies ist anscheinend ein Paradoxon, das sich aber parapsychologisch erklären lässt: Es ist ein hohes Maß an Verletzlichkeit vorhanden. Aus dem negativen Empfindungsbereich kann nur „Unproduktives"

passieren. Durch die vorherrschende Angst bzw. durch die negative Erwartungshaltung werden die Ereignisse tatsächlich regelrecht herangezogen – die Kraft, die Gleiches zu Gleichem drängt!
Aufgrund autonomer Wechselwirkungen psi- und bioenergetischer Natur ist es für den Betroffenen schwer, aus dem eigenen Sichtfenster auszusteigen. Aus den verschiedensten Umständen einer gefühlten subjektiven inneren Not heraus, entstehen Engramme[6].
Selbstwertprobleme, Minderwertigkeitsgefühle, emotionale Verletztheit usw. werden zum Fundament im Leben. Dieses Fundament, bestehend aus Fehlsteuerungen, stellt aber auch gleichzeitig das Fundament für alle weiteren Vorhaben im Leben.
In diesem angeführten Beispiel konnte die betroffene Person erst anhand von Erklärungen über die psi- und bioenergetische Funktionalität den sogenannten „Dorn im Fleisch" rausziehen (loswerden) und infolge „neugeboren" durchstarten.
Aus Sicht der PSI-Forschung braucht es immer Erklärungen, was den Menschen quält und was ihn im Moment so werden lässt!
Ansonsten, wenn der Mensch im Laufe der Zeit unbewusst am Seelenauftrag vorbeilebt, macht dieser Umstand die Person zum Trostlosen und zugleich Suchenden. Diese Ursächlichkeit zieht eine Fehlschaltung in der Rezeptivität mit sich, d. h. der Mensch polarisiert in sich selbst. Es kommt infolge zu neurologischen Irritationen. Ohne einen Grund benennen zu können, fühlt man sich plötzlich dem Leben nicht mehr gewachsen. Eine latent vorherrschende Unzufriedenheit entwickelt sich zu einer Art Lebensschmerz. Diese Umstände führen zu einer gefühlten Isolierung, man fühlt sich einsam. Aus der Fehlentwicklung resultiert Fehlverhalten – in Summe wird der Mensch dadurch krank. Unverdaute Emotionen sind Gift für Organe (z. B. Galle, Magen, Lunge).

Wenn die Seele in Notstand gerät, verdunkelt sich das Gemüt.

Viele Menschen spüren zwar, dass etwas nicht stimmt, jedoch wissen sie nicht, wie sie ihr Potential nach vorne, also voll zur

6 siehe Begriffserklärung* Seite 88

Geltung bringen können. Im Alltag sieht das meist so aus: Man spürt, dass hintergründig etwas ganz anderes in einem schlummert, als man vordergründig im Alltag zu leben vermag. Aus sogenannten „Muss-Umständen" („Ich muss so sein, weil ...") entwickelt sich ein immer größer werdendes Problem. Es baut sich eine Fehlschaltung resultierend aus niedrigen (Anteils-)Energien auf.
Darum gilt: Wer sich nicht von seiner Vergangenheit lösen kann, hat keine Zukunft!

DIE REZEPTUR

Es geht hierbei um allgemeine Hinweise damit der Mensch im Großen wie im Kleinen nicht von vorherrschenden, negativen Faktoren fremdbestimmt bzw. übernommen wird, woraus dann in weiterer Folge disharmonische Faktoren überhandnehmen.

1. BELICHTUNG!

Der erste Schritt zur Objektivierung der Übel erfolgt durch die sachliche Belichtung:

- Wer hat einem was vermittelt?
- Wie setzt es sich zusammen?

Alles was in der Vergangenheit passiert ist, gehört einer Revision unterzogen, damit sie durch einhergehende Belichtung auch verarbeitet werden kann. Wichtig ist, dass man dabei nie einen Mangel an Disziplin aufkommen lässt und nicht halbherzig, angstvoll oder spekulativ an die Sache rangeht. Dabei ist es egal, wie der Mensch nach außen erscheinen mag: selbstgerecht, maßlos, intolerant, neidisch, überverständnisvoll, immer nett, sich ständig vergleichend bzw. bewertend, verbissen, traurig usw. In der Dualität ist alles veränderbar! Das eine kann ohne das andere nicht sein. Doch erst wenn der Mensch in der Lage ist, sich selbst – Schatten und Licht – zu kennen, dann ist er auch in der Lage, sich bewusst für eine Seite zu entscheiden.

Alles andere, ohne wissentlichen Zugang zu einem selbst, läuft autonom und unwillkürlich. In diesen Momenten lebt der Mensch nicht selbstbestimmt, sondern fremdbestimmt. Resultierend aus den vorhandenen energetischen emotionalen, mentalen Konglomeraten, also der psi- und bioenergetischen Strukturierung bzw. Prägung, ist man Opfer oder Täter. Solange der nicht transformierte Mensch mit diesen Faktoren in Resonanz steht, wird er unwillkürlich, im Reflex, von diesen Konglomeraten versorgt (emotional, mental). Das führt dazu, dass er in diesen Momenten seinen Prägeanteilen unterliegt – er reagiert und agiert dementsprechend. Folglich lebt der Mensch in vielen Belangen noch nach der frühkindlichen Prägung. Er reagiert verletzt, enttäuscht, beleidigt usw. Er lebt und erlebt inhaltlich das, was die Prägung vorgibt. Der Mensch sitzt immer noch seinem Musterverhalten, Resonanzverhalten von damals auf! Aus Sicht der PSI-Forschung steht der Mensch in der Knechtschaft seiner vorhandenen Engramme*, gebildet aus Umständen, Ereignissen etc., die der Mensch erlebt, jedoch nicht verarbeitet hat. Wenn ein oder mehrere Engramme zu beherrschend in der jeweiligen Persönlichkeitsstruktur werden, suchen diese autonom nach einem entsprechenden Ventil.

Daher muss man den Inhalt der vorherrschenden, oktroyierten Gedanken- und Verhaltensschablone umfassend belichten, um in Folge sachlich und bewertungsfrei zu erkennen:
Das sind die „Erbsünden“ der nicht transformierten Väter und Mütter, die ein Kind in seinem Sein fesseln und gefesselt haben.
Am Ende der Objektivierung heißt das Resultat:
Die Vergangenheit wurde belichtet und hat für meine Zukunft auch keine prägende Bedeutung mehr!

Bei diesen Bewusstseinstransformationsprozessen muss man auch lernen, sich selber verzeihen zu können. Der neue Gedankengang formuliert sich folgend: All das ist zu einer Zeit passiert, wo ich noch nicht dispositionsfähig war – ich war ein Kind!. Aber jetzt, als Erwachsener, kann das nicht mehr bestimmend für mich sein. Jeder darf erkennen, dass einem das Versagergefühl, das Minderwertigkeitsgefühl usw. bereits von den Fehlgesteuerten der vorherrschenden Bewusstseinsmatrix vermittelt worden ist. Und daher muss es im Erwachsenenalter revidiert werden.

Schuldgefühlen auf den Grund gehen

Kommt es vor, dass es auf dem Lebensweg zu latenten Schuldgefühlen kommt, gilt es, diesen auf den Grund zu gehen: Es ist u.a. der sogenannte „Treueschwur“ zu den Eltern, welcher subtil und subliminal auf einen wirkt. Man hat Dinge und Umstände als Kind gesehen und wahrgenommen, welche bewertet und verurteilt

wurden. Unwillkürlich sieht man sich dennoch immer als Teil der Eltern, denn man identifiziert sich mit ihnen. Das Gefälligkeitsdenken ist aus einem Schuldgefühl (das bewerten und verurteilen von Verhaltensweisen der Eltern) heraus entstanden.
Um sich generell von Schuldgefühlen befreien zu können, heißt es, in die Gegenreaktion zu gehen, die Faktoren der vorherrschenden Matrix zu erkennen, zu realisieren und zu korrigieren. Die Dinge, die noch nicht passen, müssen belichtet werden. **Durch die Belichtung kommt Distanz zur Vergangenheit!**

Symbolhaftes Beispiel:

Wenn sich etwas im Kindsein nicht entwickeln konnte, weil nichts gesät wurde, ist man dennoch als Erwachsener in der Lage, etwas Neues zu säen. Also sein eignes Saatgut zu streuen! Jeder kann das neue Gedankengut selbst hegen und pflegen, unter dem Blickwinkel: Ich bin die Ursache – ich bin die Wirkung!

Man kann lernen, sich neu zu definieren:

- Wonach strebt man?
- Wie soll das neue Saatgut (Gedankengut, Seele) aussehen?

Das Saatgut, die Seele will wachsen, groß werden und seiner Bestimmung gerecht werden!

Neues Bewusstsein lautet:

- Es gibt keine unüberwindlichen Gräben, weil ich Brückenbauer bin!
- Es gibt keine Angst mehr vor Verletzung, weil ich - ich selbst bin.

Wichtig: Im neuen Bewusstsein suchen wir nicht nach Schuld, sondern nach Ursachen!

Wenn z. B. jemand fehlgeschaltet ist, hat man somit auch alle Möglichkeiten, das jeweilige Fehlverhalten zu objektivieren. Es gilt, demjenigen zu veranschaulichen, wo sein Gedankengut bzw. sein Fehlverhalten eventuell hinführen kann.

In der Dualität gibt es nur zwei Seiten: Schatten und Licht.
Deshalb ist es **wichtig, das gesellschaftliche System nach dem neuen Bewusstsein, also nach den Prinzipien der Fairness auszurichten und von klein auf die Grundfaktoren des harmonischen Miteinanders darzulegen.** Ein Mensch in einer gesunden Mitte, in transformierter Balance, lässt sich nur noch schwer in Zündung bringen. Er geht mit vorherrschenden negativen Energien nur noch in Ausnahmefällen in Resonanz. Wenn wir es als Gesellschaft schaffen, ein neues Bewusstsein aufzubauen und nach den Grundsätzen der kosmischen Ordnung zu leben und zu prägen, dann schaffen wir von Anfang an bei den Heranwachsenden **eine gesunde subliminale Voraussetzung.**
Das heißt, durch die rezeptive Entwicklung werden positive Empfindungen übernommen und daraus lassen sich positive Gedankenmuster generieren. Damit sind die Heranwachsenden später in der Lage, sich vordergründig konstruktiv und positiv auszudrücken.
Wenn nicht Voraussetzungen geschaffen werden, welche in einer gesunden Mitte münden, dann ist es der Mensch selbst, welcher dadurch Auswüchse jeglicher Natur produziert.

Kapitel 6

„Interaktive Prozesse wirken gesellschaftsformend“

Wir leben in einer Dualität. Das heißt, der eine Teil (positiv) existiert ohne den anderen (negativ) nicht. Bis jetzt hat es noch kein ausgewogenes System gegeben, welches Resonanzunabhängigkeit produziert. Also muss man der Dualität einen neuen Umriss geben: Das sogenannte Schwarz-Weiß-Denken müsste um ein paar Grad verschoben werden. Denn wenn nur schwarz oder weiß vorherrscht, entspricht das einzig dem Grundsatz, dass das Leben entweder „scheiße“ oder „super“ ist.

Die Lösung für ein ausgewogenes System: Man muss sozusagen eine neue Mitte konstruieren!

Interaktiv baut sich das Leben folgendermaßen auf:
Interaktive Prozesse laufen unter anderem auch auf feinstofflicher Ebene. Das Kernelement bilden dabei sogenannte Engramme, also emotionale bzw. mentale Gedächtnisspuren. Diese haben eine eigene Frequenz.

Das Lebensgerüst (die Interaktion) besteht im Prinzip aus zwei Seiten:

Der vom Leben „Gestrafte“, „Schuldbeladene“ (ein sich dadurch minderwertig fühlender Mensch)

Der vom Leben „Unbeschadete“, (ein in seiner eigenen emotionalen Evolution unbeschadeter Mensch)

Das Kernelement, wie Menschen zusammenkommen oder nicht, stellen interaktive Prozesse dar. Diese laufen alle auf feinstofflicher Ebene = Parapsychologie pur!

Kernelemente im sogenannten Unterbewusstsein (auch auf feinstofflicher Ebene) sind dabei die sogenannten **Engramme**. Sie manifestieren sich durch Enttäuschungen, Verletzungen usw. Aus dem entstandenen Schuldbewusstsein entwickeln sich die brisanten Fehlentwicklungen, die den Menschen (immer wieder) ins Desaster führen.
Um dem jeweiligen Übel die Wurzel zu ziehen ist es wichtig, nicht nur die entsprechenden Symptome zu bekämpfen. Die grundlegende Ursache des Hauptübels sind unwillkürlich interagierende Engramme. **Diese Funktionalität ist erklärbar!**
Unwillkürlich interagierende Engramme lassen subjektive Welten entstehen: Innerhalb einer Tausendstelsekunde wird im Zwischenmenschlichen entschieden. Sprich: Engramme loten sich aus – ein Bild, ein Eindruck entsteht, bei z. B. interaktiver Übereinstimmung ergibt sich Affinität/Sympathie. Der Mensch spürt: „Mein Gegenüber versteht mich." Trifft ein vom Leben „Unbeschadeter" (A) auf einen vom Leben „Gestraften" (B), erfolgt in der Interaktion, dass A sich sagt: „Ich sitze einem Verlierer gegenüber."

Fazit:

Interaktive Prozesse, also Faktoren der feinstofflichen Ebene, sind gesellschaftsbestimmend! Denn im Ergebnis erzielt man Polarisierung. Aus den intuitiven Erkenntnissen wird die Zwei-Klassen-Gesellschaft aufgebaut: Verlierer versus Gewinner.
Aus Sicht der PSI-Forschung sind die eigentlichen „Gegner" die Ursachen, die der Mensch in Form von Engrammen* in sich trägt! Unter solchen Gesetzmäßigkeiten beginnt das Spiel zwischen Macht und Ohnmacht. Sohin sind Machtausübung und Unterwerfung die bestimmenden Triebfedern der vorherrschenden Bewusstseinsmatrix.
Aus den Ergebnissen der PSI-Forschung wird offensichtlich, warum der Mensch immer wieder die gleichen Probleme hat bzw. warum verschiedenste Symptome immer wieder auftauchen. Das wahre Grundproblem der Menschheit in der gelebten Dualität liegt darin, dass die Problembehebung nie an der wahren, tatsächlichen Ursache erfolgt: Am Zusammenleben selbst wird nichts verändert, obwohl krankmachende Strukturen vorherrschen.

Die LÖSUNG

Der Mensch braucht **Klarheit** darüber, was die treibende, bestimmende Kraft (Energie) ist.

Psi-Interaktionen, also Vorgänge auf feinstofflicher Ebene (Empfindungsebene), steuern das menschliche Verhalten. Sie zeichnen sich mitverantwortlich dafür, wie der Mensch z. B. mit Dingen, Personen, Umständen etc. in Interaktion tritt, was ihm widerfährt usw. **Diese Komplexität muss von den Menschen verstanden werden.**

Kapitel 7

„Engramme[7] – das Unheil kommt auf leisen Sohlen“

Die Menschen werden seit jeher von denselben unterschwelligen Faktoren gelenkt und geleitet. Ausgelöst durch ein vordergründiges Ereignis, Erlebnis, Gespräch aktiviert sich im Reflex ein Engramm bzw. Prägeabdruck und legt sich in diesem Moment wie ein Vakuum über den Empfindungsbereich.

Im herkömmlichen Bewusstsein hat der Mensch nie richtig gelernt, wie man mit diesen inneren Prozessen umzugehen vermag. Man versucht, die negativen Faktoren einfach zu verdrängen. Im Zwischenmenschlichen fühlt man sich dabei oftmals falsch verstanden, beklemmt, emotional zurückgewiesen usw. Dabei entsteht ein belastendes (Dauer-)Gefühl, welches sich auch demensprechend negativ auf die mentale Struktur auswirkt. Der Mensch fängt an, vermehrt in Befürchtungen zu denken bzw. Zweifel zu fühlen.

Das beruht darauf, dass der Mensch bzw. seine energetische Struktur wie ein Sender bzw. Empfänger in Resonanz geht. Dies bringt mit sich, dass auf absehbare Zeit das Befürchtete tatsächlich eintritt. Angstfaktoren wirken dabei wie Katalysatoren.

Es ist ein Naturgesetz, dass Menschen, die auf irgendeine Art und Weise unterdrückt werden bzw. sich so fühlen, immer (unwillkürlich) Auswege suchen. Der Mensch hyperventiliert dabei oft auch auf gefährliche Art und Weise, nämlich linksgestrickt. Der Mensch spürt zwar, dass etwas innerlich nicht passt – aber was ist zu tun? Bisweilen fehlt es ihm an der Rezeptur. Wenn der Mensch dabei keinen anderen Ausweg sieht und nur noch seine negativen Persönlichkeitsanteile wachsen lässt, entsteht ein Egomane, resultierend aus einem fehlgeschalteten Ego. Nur Wissen und Objektivierung nimmt diesen Persönlichkeitsanteilen die Macht!

Wie beeinflussen negative energetische Konglomerate mentaler wie emotionaler Natur in gewissen Lebenslagen und Alltagssituationen unseren Empfindungsbereich?

7 siehe Begriffserklärung* Seite 88

Einfache symbolische Darstellung aus Sicht der PSI-Forschung:

Stellen Sie sich eine Schallplatte oder eine CD vor. Genau das, was auf diesem Induktor (Tonträger) gespeichert wurde, wird als Schwingung (Lied) hörbar. Das heißt, alles was darauf eingebrannt ist, nimmt dementsprechend seine Form an. Viele Töne ergeben ein Gesamtes.
Bezogen auf den Menschen speichern sich alle Ereignisse, Erfahrungen, Erlebnisse bewusster oder unbewusster Art als Schwingung in der energetischen Matrix ab. Die Psi-Energetik* ist sozusagen die vorhin erwähnte Schallplatte/CD, auf der alles gespeichert wird. Negative Schwingungsimpulse wirken sich der Frequenz entsprechend, natürlich negativ aus. Ein momentan emotional negativ fühlender Mensch, speichert genau in diesem Moment des negativen Empfindungserlebnisses, negative Energie ab (passiert oftmals schon in jungen Jahren = Kindheitsengramm). Je öfter so gefühlt wird, desto intensiver die Prägung.
Genau aus diesen Resignalen (Schwingungskomponenten) bilden sich energetische Konglomerate negativer Natur = **ein Engramm bildet sich**, also der mentale wie emotionale Abdruck eines irgendwann erlebten Ereignisses.
Durch die Aktivierung vorhandener Engramme steckt der mittlerweile erwachsene Mensch in seinem emotionalen Resonanzverhalten noch in den Kinderschuhen. Das Fatale dabei ist, dass der Mensch durch diese autonome, unwillkürliche Aktivierung – denn sie passiert als Reflex – ab diesem Zeitpunkt von all den negativen Frequenzen empfindungsmäßig bestimmt wird und einhergehend ein reflektiertes, visuelles (Anscheins-)Bild entsteht.
Der eigene subjektive Ereignishorizont bildet und formt sich! Ein übermittelter, verzerrter Eindruck wird zum Bestimmenden.
Hier findet sich auch die Erklärung, wie es sein kann, dass Menschen ein gemeinsam erlebtes Ereignis konträr wahrnehmen und empfinden und somit unterschiedlich wiedergeben.
Die PSI-Forschung liefert die Erklärung, wie es sein kann, dass ein gemeinsames, zur selben Zeit stattfindendes Ereignis unterschiedlich erlebte „Realitäten“ ergibt:
Der Kausalnexus findet sich in der Aktivierung vorhandener Engramme. Sobald der Mensch in eine Disharmonie gerät, egal aus

welchen Gründen, können sich im Reflex Engramme aktivieren. Die Gefahr liegt darin, dass ein solcher Abdruck ein Bild hinterlässt, das mit der Realität nicht übereinstimmt. Der negative Anteil formt sich unwillkürlich seinen eigenen Ereignishorizont nach dem Recht der Legitimation – der Anteil will zum Ziel. Der Betroffene befindet sich in einem Ausnahmezustand, aus dem er empfindungsmäßig seine Handlungen ausrichtet. In diesem vakuumähnlichen Zustand handelt er (fremd)bestimmt, nämlich aus diesem negativen Anteil heraus.

Das vorherrschende Problem:

Aus Empfindungen heraus entstehen Gedankenkonstrukte, die für das Bewusstsein formend sind. Übernommene falsche Sichtweisen bringen den Menschen in Stress bzw. Disharmonie, wodurch sich negative, angstbesetzte Zukunftsaussichten bilden.
Derjenige, der negativ empfindet, wird Negatives produzieren. Der Kausalnexus, also der Punkt von dem aus alles Weitere ausgeht, stellt das vorhandene Engramm dar, mit weitreichender Kettenreaktion. Das Engramm sucht immer nach einer Gelegenheit sein negatives Potential freizusetzen. Das Potential der negativen Energie kann sich bis zum Strategen hochentwickeln.
Es kommt zu bewussten Denkprozessen, z. B. das Heimzahlen bzw. auch gegen sich selbst gerichtete Handlungen (Selbstzerstörer). Denn der permanent Leiderlebende neigt irgendwann dazu, sich nur mehr über Leidvolles zu spüren und zu definieren. Der sogenannte „Heimzahler“ oder „Brunnenvergifter“ ist somit geboren. Er versucht nach außen entsprechendes Leid zu veranlagen, damit er sich wieder leidvoll fühlen kann (nach dem Recht der Legitimation).
Ein konkurrenzdenkender, ein sich ständig vergleichender oder ein vom Schicksal abgestraft fühlender Mensch, wird permanent verunsichert bleiben. Solche Menschen werden sich latent „unrund“ fühlen. Was passiert aber dabei? Es entsteht immer Disharmonie im System. Infolge kommt es zu einer Reproduktion vorhandener Engramme. Im Nichtwissen der Funktionalität erstreckt sich das oftmals über Jahre hinweg (lebenslang)!

Die LÖSUNG

Die Menschen müssen begreifen,

- wie Engramme entstehen,
- wie Engramme unser Verhalten beeinflussen,
- wie sie interagieren bzw.
- wie sie in Wirkung gehen.

Beispielsweise in Ländern, in denen jahrelang Krieg herrscht, wird die Unversöhnlichkeit in Form von Engrammen der Väter autonom an deren Kinder weitergegeben.
Dieser Abwärtsspirale kann jeder entkommen! Die Belichtung der tatsächlichen Ursache jeglicher Disharmonie im eigenen System ist ein Novum! Nur eine Objektivierung kann diese autonomen Mechanismen stoppen.
Aus Sicht der PSI-Forschung gilt es sich die Frage zu stellen: „Gehst du weiterhin den Weg der Verblendung oder gehst du den Weg der Wahrheit?“

2. FRÜHKINDLICHER PRÄGUNG RASCH AUF DIE SPUR KOMMEN!

Diese Prägung zu entdecken, führt über die Bewusstseinshygiene, also über die **Belichtung und Objektivierung des leidvollen Teils.** Die Ursachen eines fehlgeschalteten Resonanzverhaltens finden sich in den Kindheitsengrammen. Das sind autonome Faktoren, die sich der Mensch mit der nötigen Belichtung sukzessive abtrainieren kann. Er muss eine innere Bereitschaft entwickeln, den Ursachen auf die Spur zu kommen, falsche Sichtweisen zu korrigieren und durch die neue, objektivierte Sichtweise zu ersetzen. Bleibt das aus, folgt (immer) wieder Frustration und Enttäuschung. Mit den einhergehenden Empfindungsreflexen aktivieren sich unaufhörlich die (Kindheits-)Engramme. In diesen Momenten blickt der Mensch nicht mehr aus der übergeordneten Sicht, sondern durch die Brille des damaligen Kindes und empfindet dementsprechend negativ.

Wenn sich nun aber der Mensch weiter von den negativen Engrammspuren leiten lässt, passiert nie eine Veränderung. Im Gegenteil: Eine sukzessive Negativierung auf allen Ebenen passiert autonom und unwillkürlich. In dieser Ohnmacht fängt der Mensch oftmals an, der ganzen Symptomatik ein Gesicht zu geben.

Es entsteht ein Feindbild. Man wird zum Schuldzuweiser, indem man das hervorgerufene Symptom irgendwann personifiziert! Doch im Leben geht es nicht um Schuld, sondern um das Ursache-Wirkungs-Prinzip – somit ist der innere Versucher bzw. Verführer, welcher zur Getriebenheit führt, der eigentliche Feind. Es gilt zu begreifen, dass das Symptom kein Gesicht hat. Das Symptom bringt nur zum Ausdruck, dass (noch) ein Nährboden negativer Natur vorhanden ist. Die Person oder das Ereignis bringt nur diesen Nährboden zum Vorschein. Eigentlich ist das wie ein kosmischer Segen zu sehen. Denn nur wenn Licht auf diese Ursächlichkeit fällt (Belichtung), kann man diese Stück für Stück begradigen. Mit der richtigen, gesunden Sichtweise nimmt man dem ganzen Umstand den Druck.

Je nach Intensität der Prägung muss eben dieser Teil immer und immer wieder durch Objektivierung entmachtet werden.

Die Voraussetzung dafür ist die tagtäglich gelebte Disziplin und Willenskraft aufzubringen, sich von diesen Anteilen wahrhaftig distanzieren zu wollen. Präventiv wird ein neues gesundes Bewusstsein aufgebaut, das gleichzeitig die Anleitung für den zwischenmenschlichen Umgang ist!

„Zwischenmenschliche Beziehungen"

Wie Beziehungen entstehen und sich entwickeln, hat nichts mit Glück oder Pech zu tun. Es geschieht, weil der Mensch dem Resonanzgesetz unterliegt. „Der erste Akt" in der Sexualität wird zum bestimmenden Maß der Dinge. Diese Resonanzebene spielt infolge überall eine Rolle (Macht/Ohnmacht usw.). Im Fundament der vorherrschenden Matrix liegt das „Erbe" zur Handhabe des sich Bemächtigens. Das Besitzdenken wird dabei ungeniert vollzogen – nicht nur in materieller, sondern auch in partnerschaftlicher Sicht. Niemand lehrte den Menschen eine übergeordnete Sichtweise gegenüber diesen Dingen.
Deswegen ist es notwendig von Anbeginn **mit einem Bewusstsein geprägt zu werden, mit dem der Mensch in der Lage und willens ist, die Aufmerksamkeit auf das beiderseitige Wohlergehen zu legen.** Dabei stellt man sich folgende Fragen:

- Mit wem gehe ich eigentlich Beziehungen ein?
- Wo steht derjenige bzw. wo stehe ich hinsichtlich der Entwicklung?

Es gilt die Erwartungshaltung beider zu hinterfragen und aufeinander abzustimmen. Bevor man eine feste Bindung eingeht, sollte man die Eigenheiten, den Charakter, die Neigungen des anderen schon kennengelernt bzw. sich offen ausgesprochen haben. In der bisherigen Form von Beziehungen neigt der Mensch eher dazu, seine Schwachstellen, Anfälligkeiten, Neigungen etc. geheim zu halten, anstatt damit offen und ehrlich umzugehen.
Im vorherrschenden Gedankengut wird Schwäche als etwas Schlechtes definiert. Im neuen Gedankengut öffnen Schwächen den Blick dafür, worin man sich entwickeln darf. Negative Situationen werden erleichtert, indem man daran etwas verändert, optimiert und vor allem objektiviert. In der gemeinsamen

Ausrichtung heißt das, dass man durch die Rücksichtnahme auf die jeweiligen Umstände (Entwicklungsstand, Bewusstsein etc.) des anderen lernt, sich zu öffnen, um festzustellen, worin die jeweiligen Erwartungen liegen. Wichtig ist dabei, dass man dabei das Verständnis, das man für sich selbst abverlangt, auch für den anderen aufbringt. Die Sensibilität, die ich mir gegenüber habe, gilt es auch für den anderen zu haben.

Das vorherrschende Problem:
Ein triebhaftes Begehren hat nichts mit Liebe zu tun, jedoch werden die meisten Beziehungen im „Rausch der Triebe" eingegangen. Später wird klar, dass es eigentlich nicht passt. Das Gedankengut der vorherrschenden Matrix (Besitzdenken) hält die Menschen dennoch weiter zusammen, was auf Dauer die Menschen in ihrem Sein unglücklich werden bzw. abstumpfen lässt. Das herkömmliche Gedankengut ist der größte Gegner von Homogenität, denn es ist geprägt von Ignoranz, Arroganz usw.
Im vorherrschenden Bewusstsein hat nur das eigene Empfinden Bestandsrecht. Wenn man jedoch permanent alles argwöhnisch betrachtet, bleibt man irgendwann zurück. Im permanenten Misstrauen verschließt man sich. Dieses Grundmuster im Verhalten führt über kurz oder lang zur Isolation.

Die LÖSUNG

Durch das neue Bewusstsein – mit der objektivierten Sichtweise – erlangt man Neutralität, man wird also empfindungsneutral. Dadurch denkt und handelt man lösungsorientiert. Mit diesem Gedankengut und den verinnerlichten Werten spricht man von Anfang an ehrlich über die jeweilige Erwartungshaltung. Durch diese Gespräche kann man erkennen, ob die Vorstellung von den Dingen überhaupt zusammenpasst. Alles was nicht im Einverständnis mit dem anderen liegt, muss man lernen zu akzeptieren – es passt dann eben nicht.
Mit der **neuen Bewusstseinsfrequenz**, also der transformierten Art, **legt der Mensch die Resonanz der Bestätigung ab.**

Vielmehr schöpft man im gegenseitigen Miteinander aus dem Verständnis, dass jeder anders tickt, dass jeder ein anderes Naturell hat. **Aus der Akzeptanz sucht man nach dem Gemeinsamen.** Mit der übergeordneten Sichtweise stellt man fest, dass eigentlich gar nichts Trennendes da ist! Im neuen Bewusstsein gibt es nämlich nichts Trennendes – nur Verschiedenartiges!

Was wirkt in der vorherrschenden Bewusstseinsmatrix eigentlich trennend?

Ein fehlgeschaltetes Resonanzverhalten aus frühkindlicher Prägung! Wenn beispielsweise eigene Wunschvorstellungen nicht wahr werden, beschuldigt man den anderen. Aber dabei geht es um die Bemächtigung des anderen! Wenn der nicht so reagiert, wie man es selbst will, reagiert man enttäuscht. Mit diesem egoistischen Resonanzverhalten wird Trennendes produziert. Hilfreich hierbei ist, sich ganz sachlich die Frage zu stellen: Worin liegt eigentlich die Legitimität meiner Frustration, Enttäuschung? „Ich bin das Maß der Dinge", ist der größte Denkfehler der herkömmlichen Bewusstseinsmatrix. Ein derart zum Eigennutz ausgerichtetes Erlebnismanifest – das Verhalten eines „Fehlgeschalteten" – lässt keine Weiterentwicklung zu.
Aus Sicht der PSI-Forschung müssen die Menschen begreifen, dass **ein harmonisches Zusammenleben nur möglich ist, wenn sämtliche fehlgeschaltete Egoismen nicht mehr greifen können.** Negative Anteile entstehen aus energetischen Konglomeraten negativer Natur. Gebündelt entwickeln sie sich zu Fremdenergien und bestimmen den Empfindungsbereich.
Der Universalschlüssel zu den Fehlschaltungen findet sich im Resonanzgesetz wieder. Ganz ohne Feindbilder kann und konnte der Mensch (bis jetzt) nicht leben. Deshalb ist es unumgänglich, dass einem klar wird, dass man den Feind mehr im Inneren suchen muss und nicht im Außen. Was ist dabei zu tun? **Energetische Anteile negativer Natur (Anteilsenergie[8]) ~~muss~~ kann man verstehen lernen.** Gegen diese ~~muss~~ man vorgehen. **Damit für alle Zeit Harmonie entstehen und bewahrt werden kann, gilt es, diese zu transformieren.**

8 siehe Begriffserklärung* Seite 88

Es ist also wichtig, den eigenen Empfindungsbereich zu verstehen und in Folge auch zu lernen, ihn zu kontrollieren. Durch die daraus folgenden Erkenntnisse fällt kongenial die Getriebenheit weg. **Wenn der Mensch ein Verständnis der Dinge auf feinstofflicher Ebene bekommt, dann erspart er sich die Enttäuschung.** Falls es trotzdem dazu kommt, gilt es sie zu versachlichen und nicht – wie bisher – sie einfach auszusitzen bis „Gras darüber wächst“ und man sich scheinbar wieder versteht. Mit einem solchen Verhalten bleibt unterschwellig negativ Wirkendendes im Raum stehen! Das ganze Runtergeschluckte, Unausgesprochene führt unweigerlich zu massiven unterschwelligen Spannungen. **Wenn der Mensch nicht krank werden will, ~~muss~~ er lernen, Konflikte jeglicher Form richtig zu kanalisieren.** Sich anzugewöhnen, immer über die Dinge zu reden und sie nicht gleich als unveränderbar hinzunehmen.

Was ist am besten zu tun, wenn man sich einmal gestaut, aggressiv etc. fühlt?

Eine im Moment vorherrschende negative Grundhaltung sollte „neutral“ abgebaut werden. Wenn die Grundhaltung negativ ist, belastet das den Organismus erheblich. Daher ist es gar nicht gesund – wie es irrtümlicherweise oft gemacht wird – sich in diesen Momenten über Sport abzureagieren. Das gesamte System wird zusätzlich belastet, was ganz schlecht für das Herz-Kreislauf-System ist. Beispielsweise kann Wut abgebaut werden, indem man richtig laut in ein Polster schreit. Dies gilt für Kinder als auch für jeden Erwachsenen! Diese Form des gesunden Abreagierens ist ganz einfach.
Damit zukünftig nicht mehr der energetisch negative Ballast zum Zug kommt bzw. Querschläger (kollektive Ängste, Sorgen etc.) den Menschen nicht negativ beeinflussen, ist es wesentlich, immer Sorge dafür zu tragen, dass man in einer positiven, zuversichtlichen Gemütslage ist. Ansonsten bietet man den negativ abgespeicherten Engrammen immer eine Angriffsfläche. Ein guter Leitfaden dabei ist, sich die Fragen zu stellen: „Wie will ich mein Leben gestalten?“ und „Wo will ich hin?“

Man sollte die eigenen Ziele klar definieren, sich dabei immer an den inneren Vorgaben orientieren. Je positiver der Mensch ist, desto weniger haben negative Engramme eine Chance.
Symbolisch lässt sich das mit einem Pendel einfach erklären:
Plus und Minus sind in permanenter Pendelwirkung. Die eigene Empfindungsstruktur ist dieser Gesetzmäßigkeit verhaftet. Aus der Pendelbewegung heraus entstehen auch die Stimmungsschwankungen. Durch negative Faktoren im Alltäglichen, durch irgendein Ereignis negativer Natur, wird das negativ Abgespeicherte aktualisiert. Die Psyche, das Gemüt reagiert. Vorhandene energetische Konglomerate bremsen sozusagen die Stimmung aus. Gemütsschwankungen gehen in kürzester Zeit von Hochstimmung bis zu Tode betrübt. Man fragt sich „Was ist los mit mir?“ Die Rezeptur ist, täglich eine Bewusstseinshygiene zu betreiben. Solange bis der Mensch in sich stabil(er) ist. Dann geht man auch den alltäglichen Querschlägern nicht mehr auf den Leim. Es braucht von Grund auf ein Bewusstsein, durch das mehr menschliche Faktoren in den Vordergrund gestellt werden. Dabei muss vom Negativen abgerückt und die Aufmerksamkeit auf das Positive gerichtet werden.
Grundsätzlich ist es so, dass jeder Mensch individuelle Grundeigenschaften hat. Der Mensch darf generell nie gegen sein Naturell arbeiten. Die große Gefahr ist die ansonsten entstehende Innenanspannung. Diese Innenanspannung kann zur Explosion führen oder zur Implosion. Deshalb sollte man jegliche Bewusstseinsfallen erkennen, welche zu negativen Empfindungen führen. Und weiters durch neues, objektiviertes Gedankengut ersetzen und neu prägen.

Das vorherrschende Problem:

Anstatt bei den Kleinsten zu beginnen, die Lehre der Harmonie zu vermitteln und vorzuleben, wird unverändert an einem System festgehalten, in dessen Konstrukt der Mensch von klein auf ein Selbstwertproblem bekommt. Die Willenskraft wird oftmals durch äußere Einflüsse gebrochen. Das lässt den Menschen mitunter motivationslos werden und diese Erlebnisse der Niederlagen nagen natürlich auch am Selbstwert.

Beispiele von Fallen der vorherrschenden Bewusstseinsmatrix:

- die Handhabung, wie man mit negativen Eindrücken umgeht (runterschlucken, unterdrücken, schönreden etc. = stille Brüter, Illusionsfalle)
- egobezogenes Handeln und Tun (ichbezogene Prägung, auf Eigennutz ausgerichtetes Bewusstsein / Besitzdenken, meins, deins, du gehörst mir …)
- egobezogene Sichtweisen (maßloses Denken und Handeln)
- unflexible Geisteshaltung
- Intoleranz
- Gier

Die LÖSUNG

Auf Sicht gesehen benötigt man einen entsprechenden **Verhaltenskodex im „Umgang mit Heranwachsenden“:**

- Lernwilligkeit fördern/entfachen, damit Kinder gerne in die Schule gehen;
- motivieren und nicht nur reglementieren bis den Kindern der „Saft ausgeht“;
- mit dem richtigen Augenmaß reglementieren: Es braucht eine Erklärung, warum Reglementierung, (etwaige) Strafe usw. sein muss;
- Achtsamkeit, damit man keine überzogenen Egoismen formt;
- Individualität fördern.

Mit dem neuen gesunden Bewusstsein versteht es der Mensch, mit allen Eindrücken gesund und lösungsorientiert umzugehen. Mit einem gesunden Hintergrundwissen kann der Mensch ganz einfach lernen, wie er sich im sogenannten Konfliktmanagement verhalten sollte. Mitunter auch wie ein präventives, vorsorgliches Ventil aussehen kann, um etwaigen Druck abzubauen.

Den Menschen in seinen fehlgeschalteten Anteilen[9] verstehen lernen und positive Gegenmaßnahmen setzen, ist die Devise. Der erste Schritt dazu bedeutet, selbst „anteilsfrei" zu werden, sich mit seinen Schattenthematiken auseinanderzusetzen und zu lernen sie zu belichten.

9 siehe Begriffserklärung* Seite 88

Kapitel 8

„Virtuelle Welten – und ihre negativen Auswirkungen“

Der Mensch, die Gesellschaft als Kollektiv, muss Acht geben, dass sich der technische Fortschritt nicht in einen Fluch verwandelt. Denn durch vermehrten Wohlstand wird die zwischenmenschliche Nähe nicht mehr gesucht.

Wie aber soll der Mensch empathisch werden in einer solchen Welt?

Durch das vermehrte virtuelle Angebot haben sich die Menschen in der interaktiven Kommunikation sohin gehend verändert, dass man auch feststellen muss, dass dabei wesentliche empathische Faktoren verloren gegangen sind. Durch die Vielfalt der visuellen und virtuellen Welten ist es für den Heranwachsenden oftmals schwer, nicht die Konturen der Realität aus dem Auge zu verlieren. Es regiert immer mehr der Schwachsinn. In den Fernsehshows geht es fast nur noch darum, den Menschen bloßzustellen. Es wird dabei nur an Profit gedacht. Fatalerweise wird nicht bedacht, was das für eine Schule macht: „So musst du sein, dass du zu was kommst“. Beinharter Egoismus wird gefördert und forciert.
Hier passiert ein Heranzüchten von multiplen Super-Egoisten, die sich die Vorbilder aus den Superhelden holen (Trump ist nur ein Anfang). Für Kinder bzw. jugendliche Menschen ist es aufgrund der jungen, labilen mentalen Disposition von großer Bedeutung, dass sie vor solchen Faktoren geschützt werden. Vielmehr müssen sie mit positiven Faktoren versorgt werden! Es ist wichtig, auf gesunde Art und Weise subliminal tangiert zu werden.
Wenn eine solche Tendenz zum Schwachsinn, Irrsinn etc. überhandnimmt – und die Zeichen stehen dafür – dann wird und bleibt es dunkel in dieser Welt. In der Handhabung dieser Psychologie und der daraus resultierenden Philosophie zählt der *Mensch* als Individuum eigentlich gar nichts mehr. Es zählt nur das was du vorweisen kannst. Aber es zählt nicht mehr, *wer du als Mensch*

bist. Eine Gesellschaft, die auf einer solchen Philosophie aufbaut, geht unwillkürlich den Bach hinunter.
Es ist eine pseudomoralische Gesellschaft, in der wir leben:
Der Mensch wird in ein Dilemma geführt. Es wird einerseits virtuell fasziniert und beflügelt. Aber wie und wo lebt er es aus? Entweder wieder virtuell oder auch unkontrolliert im Außen. In den virtuellen Medien (Film und Fernsehen) wird einem vorgegaukelt, dass alles erlaubt ist. Dadurch wird der Mensch selbst in seinen oft nicht belichteten Absichten forciert sowie enthemmt, was aber mit der gegebenen Realität kollidiert.
Des Weiteren wird der Mensch durch Computer- bzw. Konsolenspiele etc. immerzu bedient. Sprich, er strengt sich in seiner Fantasie nicht mehr selbst an. Die Leute hören auf, selbst zu visualisieren. Das bringt mit sich, dass die eigene Fantasie (darin liegt ja die eigentliche Kraft!) sukzessive verlorengeht. Da durch die mediale bzw. virtuelle Reizüberflutung die Instinkte des Menschen wegsterben, wird dieser Umstand den Menschen insofern zum Verhängnis, dass er sich immer mehr als Theoretiker im Leben wiederfindet.
Tagtäglich nimmt eine permanente negative Reizüberflutung auf den Menschen Einfluss, wobei Gewalt allmählich zum Alltäglichen wird. Man wird zu jeder Zeit mit Schicksalsschlägen, Mord und Totschlag konfrontiert – egal, ob durch Tatsachenberichte, Filme, Videospiele. Die negative Reizüberflutung nährt den Menschen permanent. Der mediale Einfluss, die Filmindustrie – die meist nur auf negative Reize setzt – nährt den negativen Empfindungsbereich des Menschen. Durch die Konfrontation mit alltäglichen Tragödien wird der Mensch abgestumpft hinsichtlich Einsichten und Empfindungen. Aus den Empfindungen entsteht ein Gedankenmuster. Es stellt sich eine allgemeine Tristesse dem Leben gegenüber ein. Man sagt sich dann: „Die Dinge sind halt so." Eine solche Einstellung wächst zum allgemeinen Gedankengut heran. Der Mensch nimmt es fast schon als legitim hin, dass es Auswüchse egal in welche Richtung gibt.
Das Problem dabei ist, wenn der Mensch im alltäglichen Leben so aufgestellt und disponiert ist, kann aus dem hintergründigen energetischen Background heraus tatsächlich jegliches negative Szenario passieren. Das vorherrschende überhandnehmende Ellbogenprinzip unserer Gesellschaft trägt in ihrer Legitimierung

von egozentrischen, unmenschlichen Handlungen das ihre dazu bei. Diese Prozesse laufen alle unwillkürlich ab. Um nicht davon infiziert zu werden, ist es notwendig zu lernen, mit vorherrschenden Dingen umzugehen. Man muss lernen sich gedanklich so zu disziplinieren, die Eindrücke richtig und korrekt zu kanalisieren. Wenn das aber nicht passiert, wenn die gedankliche Disziplin ausbleibt, dann überlässt man alles den Empfindungsimpulsen. Diese Empfindungen führen aber den Menschen in folgendes Gedankenmuster: „Eigentlich kann ich eh nichts aufhalten." Die große Gefahr dabei ist, dass hier ein Gewöhnungseffekt eintritt; Gewöhnung an Kriegsschauplätze, allgemeine Katastrophen, Terrorismus etc.

Psi-energetische Ursachenforschungen weisen auf diese Probleme hin und stellen fest: Wenn der Mensch sich daran gewöhnt, lehnt er sich nicht mehr auf. Dieser Umstand stellt eine innerliche Ergebenheit dar – er resigniert. Es gilt den Menschen davor zu bewahren, Makulatur zu werden bzw. zu sein, denn ein resignierter Mensch macht auch keine Gedankenhygiene mehr. Und wenn sich dann aus irgendeinem Grund die Dinge zuspitzen, kann das Unterdrückte unkontrolliert zum Ausbruch kommen!

Diese Faktoren zeichnen sich dafür verantwortlich, dass sich moralische Zensurschwellen leichter überwinden lassen. Gewalt wird dann als Bestandteil des alltäglichen Lebens wahrgenommen. Dass moralische Bedenken keinen Stellenwert mehr haben, soweit darf es nicht kommen!

Aufgrund solcher Defizite wird es den Menschen auch möglich, sich visionär über sämtliche Hürden hinwegzusetzen und in weiterer Folge, Akzente danach zu setzen.

Fehlende Bewusstseinshygiene ist der Nährboden für sogenannte „Blackouts". Verantwortlich dafür ist die hintergründige Energetik, also psi- und mental energetische Vorgänge.

Was tut man in so einer polarisierenden Gesellschaft?

Die Grundvoraussetzung zur nachhaltigen Veränderung ist, dass eine Zensurschwelle aufgebaut wird, welche verhindert, dass das Verhalten nicht in das Maßlose übergeht.

Das öffentlich-rechtliche Medium Fernsehen sollte eigentlich meinungs- und bewusstseinsbildend sein. Was aber hier teilweise geboten wird, hat nur noch mit Schwachsinn und Blödsinn zu tun. Ohne dabei zu bedenken welche Auswirkungen das Gebotene hat. Die Medien haben eine gewaltige moralische Verantwortung, welche aber in keiner Weise mehr wahrgenommen wird. Durch teilweise gekaufte Medien, die aus bloßer Sensationslust Menschen an den Pranger stellen, werden auch Gesinnungen hergestellt, wo noch nicht einmal die Schuldfrage geklärt wurde. Diese Auswirkungen haben auch existentielle Vernichtung zur Folge. Jemanden bloßzustellen nur des Profites wegen – damit muss Schluss sein! Einem solchen Journalismus gehört die Legitimität entzogen. Die Skandalpresse, die von amerikanischen Vorbildern lebt, müsste viel mehr in die bewusstseinsschaffende Pflicht genommen werden. Vor allem sollte sie nicht immer nach Schuld suchen, sondern die Ursächlichkeiten aufzeigen.

Was lässt der Mensch alles mit sich anstellen?

Zwischenmenschliche Belange werden zum Teil nur noch über Partnerservices inszeniert. Da die gesunden Instinkte aus dieser Gegebenheit sohin blockiert werden, bleibt nur noch Misstrauen, Argwohn etc. Keiner vertraut mehr dem anderen.

Damit wir und unsere nächste Generation nicht in einer kalten, entarteten Welt leben müssen, muss hier mit Weitblick agiert und reagiert werden. Denn in einem weiteren fundamentalen Punkt fängt sich die Geschichte an zu wiederholen:

Von der Rokokozeit (Freudseligkeit) hin zur Biedermeierzeit (Spießbürgertum) und nun wieder hin zu Zeiten der Puritaner (Sittenstrenge). Mit dem Unterschied, dass es bis jetzt noch keine gesetzliche Anleitung zum „Balzverhalten“ zwischen den Geschlechtern gab.

Der Mensch arbeitet sich tatsächlich hin zu einem Leben in einer moralischen Zwangsjacke! Eine Pseudomoral sondergleichen: auf der einen Seite, der virtuelle Wahnsinn, auf der anderen Seite wird der stärkste menschliche Trieb (Sexualtrieb) „bandagiert“. Doch was passiert, wenn man in Naturgesetze eingreift? Es gibt dann keine Normalität mehr! Es regulieren sich die Dinge nicht mehr selbstverständlich. Für ganz normale Dinge – nämlich das zwischenmenschliche Verhalten zwischen Mann und Frau – braucht

es kein Regulativ! Wie weit soll das gehen? Irgendwann werden Blicke zensiert!?
Noch erfasst keiner von den Verantwortlichen (Politik, Psychologen usw.), was das für Auswirkungen hat, wenn man zwischenmenschliches Verhalten über das Gesetz regelt. Der feinstoffliche Aspekt wird dabei negiert! Wenn die natürlichen Instinkte unterdrückt werden, dann gute Nacht!
Das kommt einer Entartung des Menschen gleich, d. h. es gibt keine gesunde Emotionalität mehr! Ein (bewusst eingeleitetes?) Paradoxon: Alles was sich eigentlich ganz natürlich regelt (freier Gestaltungswille), wird als krank dargestellt (wirkliche unnatürliche Auswüchse natürlich vorbehalten!). Wie kann sich hier ein gesundes Gedankengut aufbauen?

Das vorherrschende Problem:
Der Mensch vergisst auf seiner Lebensreise das Wesentlichste – seine Bewusstseinstransformation! Es muss beim Zwischenmenschlichen angesetzt werden. In der aktuellen Realität wird alles getan, um Schattenanteile[10] heranzuzüchten bis zum absoluten Crash (Krankheiten, Kriege etc.). Die Gesellschaft stellt immer mehr Egoismen in den Vordergrund: „Ich will!", „Ich muss!" etc.

Die LÖSUNG

Bewusstseinstransformation als Lebensziel – nur so kann sich der Mensch von sämtlichen Ungeistern freimachen. Dieses Gedankengut: aus Schwächen Stärken zu machen und Überzogenes in Balance zu bringen, soll und muss den Antrieb im Leben darstellen. Dabei muss man negative Persönlichkeits-Anteilsenergie belichten und transformieren, da sie sonst später das Kommando übernehmen könnte. Diese unterschwellige Kraft nimmt Einfluss auf unser Handeln und Tun. Diese Energie verbindet uns alle. Sie ist die Ursache dafür, wie der Mensch auf etwas oder jemanden reagiert, wie er agiert usw.

10 siehe Begriffserklärung* Seite 88

Die Wege zur Wahrheit bedeuten Wachstum und Seelenreife. Entwicklungsprozesse haben immer damit zu tun, Einsichten zuzulassen sowie innere Bereitschaft an den Tag zu legen. Etwaige aufkommende Ungeduld ist dabei fehl am Platz. **Evolution braucht seine Zeit und dadurch Geduld.**

Um den nötigen Paradigmenwechsel einzuleiten, gilt es, zuerst zu begreifen, wie und wodurch die vorherrschende Gedanken- und Verhaltensschablone krankmacht. Jeder ist aufgefordert, daran etwas zu verändern. Hierbei geht es sowohl um die kollektive Basisarbeit für die notwendige Veränderung als auch um das einzelne Schicksal.

„Vorsicht vor Scharlatanerie“

Jedoch heißt es auch genau hinzuschauen, wenn sich jemand anmaßt, das sogenannte „Heil“ dem Menschen angedeihen zu lassen. Und auch der, der Heil sucht, darf sich bewusstmachen, dass zur persönlichen Weiterentwicklung Einsichten notwendig sind und gleichzeitig das Umsetzen der daraus resultierenden Konsequenzen wichtig ist. Diese Prozesse können nicht einfach ausgelassen werden.
Man sollte sich eines verdeutlichen: Negativ orientierte Menschen sind nicht in der Lage, positive Energie zu transportieren. Durch die Verblendung sitzen etliche Menschen dem Irrglauben auf, das sogenannte Göttliche in sich kanalisieren bzw. weitergeben zu können und dadurch anderen das Heil angedeihen zu lassen. Wäre es so einfach, würde es nur noch Heil auf der Welt geben. Das Entscheidende ist, ohne notwendige Entsprechung (Bewusstseinstransformation in allen lektiven Faktoren) bleibt hier dieser anmaßende Vorsatz wirkungslos. Wenn bei dem Ausübenden (Sender, Geber) keine transformatorischen Prozesse erfolgten, vermischt sich autonom sein negativer Anteil mit dem des Empfängers (im Sinne: Gleiches zu Gleichem).

Daher sollte man
A) auf der Hut sein, in Bereiche vorzudringen, wo man den Herausforderungen nicht gewachsen ist;

B) dem Irrglauben absprechen, man lese ein Buch und könne es einfach nachmachen. Auch hier gilt es, auf das entscheidende Kriterium zu achten, welches in der vorhandenen oder nicht vorhandenen Entsprechung (Bewusstseinstransformation in allen lektiven Faktoren) liegt.

C) genau hinschauen, wenn sich jemand anmaßt, das Verständnis von den Dingen zu haben und nach diesem Prinzip zu arbeiten. Der Mensch (Empfänger) ist aufgefordert, genau zu prüfen, ob der Agent (Sender) auch die tatsächliche Entsprechung und notwendigen Eigenschaften (Rezeptivität, Medialität, emphatische Fähigkeiten) hat.

Fazit:

Wenn Praktiken, Rituale auf gut Glück vollzogen werden, kann es passieren, dass sich dabei falsche Kräfte aktivieren! Bei nicht vorhandener Entsprechung kann man daran kläglich scheitern. Tatsächlich ist es nur wenigen Menschen vorbehalten, wirklich Zugang zu dieser feinstofflichen Ebene zu haben. Wenn es anders wäre, würde es in der Welt Chaos geben. Der Schlüssel dafür liegt nämlich in der universellen Handhabe der Dinge, nicht in der egobezogenen.

An dieser Stelle muss auch hinsichtlich des „positiven Denkens" den Menschen eine Erklärung mitgegeben werden: Zuerst sei gesagt, ein wahrhaft positiv gestimmter Mensch ist das beste Vorbild!

Aber die Gefahr lauert auf subliminaler Ebene, auch auf feinstofflicher Ebene gekoppelt mit dem Empfindungsbereich. Denn wenn das positive Denken nur im Kopf passiert, aber empfindungsmäßig nicht mitgetragen werden kann, dann ist der Mensch nicht wahrhaftig. In diesem Fall entfaltet das mentale Training seine Wirkung nur eine beschränkte Zeit lang. Nützt der Mensch nur die Möglichkeiten seines Verstandes, hat dies zur Folge, dass eine zurechtgeschnittene (für sich zurechtgezimmerte) Anscheinsrealität dabei herauskommt. Im Wissen über die tatsächlich bestimmenden Faktoren im Leben lässt sich sagen, dass dies Wege in die Krankheit bzw. in prekäre Situationen sind, weil der Kausalnexus – also jener Faktor, von dem aus alles Weitere ausgeht – bei dieser Art der Herangehensweise negiert wird. Im

Hintergrund schwelt aber die wahre Ursächlichkeit latent dahin.
Hier muss man tatsächlich unterscheiden: Der Alpha-Zustand als Entspannungsform ist legitim. Bei mentaler Arbeit jedoch, wo sich das Empfinden dagegenstellt, wenn sich in der Ausrichtung etwas nicht in Einklang bringen lässt, ist davon abzuraten.
Es lässt sich in der Geschichte leider feststellen, dass sich nie jemand wirklich bemühte, das metaphysische Wissen so zu lehren bzw. einzubringen, dass eine wirkliche Neuordnung entstand und das kollektive Bewusstsein nachhaltig verändert wurde. Im Gegenteil – ein gefährliches Spiel wurde und wird daraus gemacht. In der PSI-Forschung sind viele praktizierten und gängigen Theorien und Hilfspraktiken bereits widerlegt worden. Die Anwendung einiger verschlagener Praktiken ist deshalb so beliebt, weil scheinbare Wahrheiten einem sozusagen in die Hände gelegt werden und dann mit diesen Halbwahrheiten – die die eigentlichen Unwahrheiten sind! – Wunschformen gestaltet werden. Das heißt, im Prinzip kann man sich alles so zurechtlegen, wie man es gerade braucht. Jetzt könnte man meinen: „Naja hilft es nicht, so schadet es auch nicht“. Doch so lapidar lässt sich das nicht abwickeln. Das Unheilvolle liegt darin, dass es überhaupt nichts mit der Realität zu tun hat – es läuft alles auf eine Alibiaktion hinaus. Im Grunde kommt es einem Selbstbetrug gleich.
Noch viel brisanter ist die Tatsache, dass es dabei zur autosuggestiven Manipulation kommt, weil die aufgezeigten Faktoren als Wahrheit transportiert und als solches vom Empfänger übernommen und manifestiert werden. Der Mensch verfängt sich dann in Mystifikationen bzw. Trugbildern, was natürlich prekär ist.
Wissenschaftlich betrachtet passiert in vielen Praktiken bzw. Experimenten mit veränderten Bewusstseinszuständen Fatales: Man erfasst dort nur den Teil des Bewusstseins, der sich im Jetzt-Leben angereichert hat. Weil nicht im hintergründigen System gearbeitet wird, wird am Wesentlichen vorbeigearbeitet. Dabei werden aus energetischen Konglomeraten, aus Faktoren der Irritation (die als Sinnestäuschungen auftreten), absolute Wahrheiten gemacht, die himmelschreiend sind. Das Ganze führt ad absurdum.

Kapitel 9

„Die Kinder von heute sind die Erwachsenen von morgen. Wer vermittelt neues gesundes Wissen?“

Es kann nicht mehr nur darum gehen, dass immer hintennach die Dinge, die nicht passen, bedauernsweise festgestellt werden. Jetzt geht es darum, Sorge dafür zu tragen, dass es gar nicht mehr so weit kommen kann.

Deshalb wird man auch hier entsprechende Prioritäten setzen müssen: Daher werden dringend sogenannte Bildungs- und Transformationsakademien für Entscheidungsträger gebraucht. Nur wenn die negativen Anteilsenergien der betreffenden Personen belichtet und ausgeräumt sind (resultierend aus einer abgeschlossenen Bewusstseinstransformation), besteht die Gewährleistung einer mentalen Ordnung, einer stabilen Psyche sowie einer gesunden Emotionalität. Nur ein solcher Mensch ist in der Lage mit seinem positiv ausgerichteten Bewusstsein, dementsprechende fundamentale Akzente zu setzen, Regulative danach auszurichten, Politik zu führen usw. An dieser Thematik der Bewusstseinstransformation wird übrigens kein Mensch vorbeikommen.

Fundamentale Veränderungen gelingen, wenn bereits in der Erziehung bzw. Prägung darauf geachtet wird, wie man eine negative egozentrische Entwicklung vermeiden kann. Die Kinder von heute sind die Erwachsenen von morgen. An diesem Punkt wäre auch die Politik gefragt, entscheidende Maßnahmen zu setzen, bevor aus Unverständnis Polarisierendes, Trennendes, Feindliches entsteht. Denn eines ist gewiss: So wie das Volk denkt, spürt und fühlt, entsteht entsprechend die Realität. Es ist klar, dass man am besten von klein auf lernt (Elternhaus, Kindergärten, Schulen etc.). Also sind Eltern, (Sozial-)Pädagogen usw. die Weichensteller für die Zukunft unserer Kinder.

Jedoch werden die Heranwachsenden von den aktuellen Bildungsprogrammen regelrecht unterjocht. Die Ergebnisse aus psi-energetischer Forschung durch Psychoskopien* zeigen auf, was sich im Körper eines Kindes abspielt, wenn es durch vorgegebene

Regulative nicht mehr in der Lage ist, sich selbstbestimmt bewegen zu dürfen. Das Ergebnis ist ein degenerierter Bewegungsapparat. Beim Heranwachsenden sind zum Beispiel die Organe noch unterentwickelt und können dadurch nicht ständigem Leistungsdruck ausgesetzt werden.
Wenn sich daran nichts ändert, führt dies zu neurologischen wie psychischen Fehlentwicklungen!
Hyperaktivität ist beispielsweise ein Ausdruck von Überforderung. Hyperventilieren ist ein energetisches Ventil für angestaute Energie. Bedenklich stimmt auch, dass die Kinder schon wie Erwachsene denken müssen. Sie haben keine Entfaltungsmöglichkeit mehr. Es werden viel zu viele Maulkörbe und Zwangsjacken verabreicht. Natürliche Reibungen (z. B. zwischen Jungs) sind wichtig, damit sich ein kritisches Unterscheidungsvermögen entwickeln kann, im Sinne von: Was ist recht und was ist unrecht? Das vorherrschende Schablonendenken ist brandgefährlich. Dabei werden natürliche Triebe unterdrückt bzw. die natürliche Reibungskraft wird unterbunden. Die daraus resultierenden Kollateralschäden werden sich erst im vollen Ausmaß zeigen, wenn die Kinder größer werden. Wenn alles instinktbedingte unterdrückt werden muss, bilden sich daraus autonom und unwillkürlich energetische Konglomerate negativer Natur. Permanent unterdrückte Energie führt zu massiver Innenanspannung und kann irgendwann auch unkontrolliert entweichen. Zahlreiche tragische Berichterstattungen über schreckliche Ereignisse, dokumentieren bereits dieses Ausmaß. Die Natur sucht sich einen Ausweg – Fehlschaltungen sind unter diesen energetischen Voraussetzungen vorprogrammiert.
Ein solches System kann man nicht verantworten. Es muss alles viel humaner inszeniert werden. Es sind ja nicht nur die Kinder, die darunter leiden. Die Zeitqualität mit all ihren Tücken überfordert bereits auch viele Pädagogen bzw. lässt sie abstumpfen. Das bisherige System überfordert jeden. So wie es veranlagt ist, ist es nicht durchdacht. Deshalb muss eine neue Bewusstseinsbildung in Kraft treten, welche die metaphysische Lehre miteinschließt! Ist doch der Empfindungsbereich des Menschen der eigentlich maßgebliche Faktor. Um zu verändern, muss man erkennen was Einfluss auf den Menschen nimmt und wie es sich auswirkt? Wie und worauf reagiert das System?

Der allgemein vorherrschende Leistungsdruck lässt den Menschen keine Kompensationsmöglichkeit mehr – Ängste aller Art haben Hochkonjunktur. All diese vorherrschenden disharmonischen Faktoren stellen den Nährboden für Befürchtungswelten dar.
Eine gesunde Entwicklung von Anfang an funktioniert im Rahmen von Verständnis und Motivation und nicht durch Demotivation. Den jungen Menschen muss das Ursache-Wirkungs-Prinzip klar vermittelt werden. Der Dualität muss ein neuer Kontext gegeben werden – in allen Richtungen. Die Prinzipien der Fairness müssen sich wieder im Gedankengut der Menschen manifestieren.

Beispiel: Regulativ der kosmischen Ordnung

Die vorherrschende Wettbewerbsgesellschaft, in der sich der Mensch nur über den Wettbewerb bewähren kann, bietet dem Menschen zwei Möglichkeiten:

A) im beinharten „darüberfahren";

o d e r

B) lernen Acht zu geben: Nicht wer der bessere Egoist ist, setzt sich durch sondern es gilt, die Effizienz eigener Absichten und Ideen zu beweisen! Daraus resultiert die Einsicht und der gemeinsame Tenor wird lauten, dass die jeweilige Idee tatsächlich besser und zielführender für ein Projekt etc. ist.

Das Ganze hat einen allumfassenden Nachhall! Der Mensch ist so in der Lage sein Maximum zu leisten. Nicht nur hinsichtlich seiner Talente und Fähigkeiten, sondern auch hinsichtlich seiner **menschlichen Erfahrungswerte**, die sich in positiver Form dabei auftun. Das macht sich überall positiv bemerkbar, z. B. in der Berufswelt, der Partnerschaft, den Finanzen, der Gesundheit. Das Leben wird leicht(er), der Blick nach vorne wird frei(er), die mentale Ebene wird gestärkt.
Wenn einmal nicht mehr nur die Genetik den Ton angibt, sondern der Mensch **aus der Psi-Energetik heraus anfangen** kann **zu**

leben, indem die Energiekanäle zur Ur-Eigenheit, der Psi-Codierung, wieder freigelegt werden, dann kann der Mensch auf allen Ebenen zu neuen Ufern aufbrechen. Die Psyche, die Physiologie, die Biochemie, die Neurologie usw. – jeder Teil im Zahnrad wird zu Höchstleistungen getrieben. Daraus resultieren z. B gesteigerte Merkfähigkeit, verbesserte Persönlichkeitsstruktur, größere Nervenstärke, mentale Stärke, starke gebündelte Willenskraft, nötiger Weitblick.

Gedanken generieren Energie – schaffen Frequenz. Durch neues Bewusstsein folgen neue Gedanken und dadurch wieder neue Energie!

Das neue Gedankengut führt zu neidlosem Respekt, woraus wiederum gesunder Wettbewerb entsteht! Nur so lassen sich auf lange Sicht zerstörerische, feindliche, kriegerische Absichten verhindern. Es werden manchmal Anfälligkeiten aufkommen, aber man kann durch dieses neue Fundament (Bewusstsein) lernen, dagegenzuhalten.

Wie geht man zukünftig korrekt mit aus der Balance gekommenen Egofaktoren, Anteilsenergien negativer Natur um?

Mittels eines übergeordneten Verständnisses können diese Dinge sachlich „entzaubert“ werden. Solchen negativen Anteilsenergien muss man ohne Emotion begegnen. Denn eine emotionale Gegenreaktion polarisiert nur. Durch die sachliche Erklärung kann sich der Heranwachsende neu ausrichten und er bekommt durch diese Prozesse auch die Gewissheit vermittelt, dass sich alles regeln lässt. Er **festigt** somit auch das **nötige Urvertrauen.**

Nun heißt es all die vorliegenden richtungsweisenden Forschungserkenntnisse aus der PSI-Forschung um- und einzusetzen und nicht nur wirtschaftliche Interessen zu verfolgen. Für alle, die mit Kindern zu tun haben, ist es wichtig, dass die Lehre eines harmonischen Miteinanders von klein auf gelehrt und vorgelebt wird. In der Erziehung bzw. Prägung darauf zu achten, wie man eine egozentrische Entwicklung vermeiden kann. Gerade im Umgang mit Kindern, die noch viel subtiler agieren, muss man authentisch, wahrhaftig, echt sein.

Zuerst muss man also selbst ein wahrhaftiges Vorbild werden!

Im Wissen der Gesetzmäßigkeit von Ursache und Wirkung wird der zukünftige Mensch aus seinem neuem Bewusstsein heraus **menschlich und nach der kosmischen Ordnung agieren und reagieren können.**

Die Botschaft lautet:

Wenn wir endlich aufhören, nach Misserfolgen,
Enttäuschungen und Kränkungen,
nach dem oder den Schuldigen zu suchen,
sondern die Ursachen verstehen und begreifen lernen,
lässt sich unser aller Werdegang sicherer und fairer gestalten.

Lernen wir aus dieser Erkenntnis
unsere Zukunft neu zu inszenieren!

Danksagung an den Menschen, Forscher und Wegbegleiter, ohne dessen universelle Hingabe das Leben ergründen zu wollen, also die Menschen in all ihren schicksalhaften Abgründen verstehen und davon befreien zu wollen, wäre es bereits für viele Seelen dunkel geworden.
Willi Robé ist ein Mensch, von dem man so viel erhält. Er versprüht eine Herzenswärme, die keiner von uns bis dahin kannte. Er öffnet in den Menschen Tür und Tor, wodurch es ihnen möglich wird, ihr Heil zu finden. Als Person ist er vergleichbar mit einem Bergwerk. Unerschöpflich, unermüdlich geht er als Wissenschaftler den Dingen auf den Grund. Woher, wodurch, warum? Er lässt keine Frage unbeantwortet und stellt sich dabei niemals über die kosmische Ordnung. Geduldig und beharrlich baut er Brücken zwischen Schatten und Licht.
Er lehrte jedem von uns die Gesetzmäßigkeiten der feinstofflichen Ebene. Wir durften Wunder miterleben und Wundersames miteinander teilen. Dort, wo das Leben durch Krankheit ein rasches Ende zu nehmen schien, konnte durch seine Fähigkeiten und Maßnahmen wieder ein gesundes Fundament geschaffen werden.
Dort, wo die Zeit für einen Psi-Quantensprung gekommen war, durften wir auch das Loslassen neu kennenlernen: Sterben nicht mit Schmerz und Endlichkeit zu verbinden, sondern mitzuerleben, wie durch Erkenntnis (Seelenreife) eine Seele voller Dankbarkeit ihre nächste Reise antritt. Diese Begegnungen und Erlebnisse erzielten eine emotionale Tiefe, die wir vorher nur in negativer Form kannten, in Form von Verletzung und Enttäuschung.
Und plötzlich war da so viel Liebe, Wärme in uns, fernab von Ego, Zweifel usw. Diese reine Form von Verbundenheit und Demut hatten wir zuvor noch nicht erlebt. Diese positive, wahrhaftige Energie wird uns hier für immer in Erinnerung bleiben und gleichzeitig auch Antrieb sein, um sich jeder Seele anzunehmen und nie vorschnell zu urteilen.
Willi Robé lehrt uns bis zum heutigen Tage, dass es nie um Schuld, sondern immer nur um Ursachen im Leben geht. Mit seiner Unterstützung, mit seinen Worten und Erklärungen wurde es uns möglich, die kausalen Zusammenhänge des Lebens zu verstehen, wenn nötig zu begradigen und neu zu veranlagen. Mittels unserer Bewusstseinstransformationsreise sind wir nun mit dem Wissen um die kosmische Gesetzmäßigkeit von Ursache und Wirkung ausgestattet.

Dank deiner Bereitschaft dich bedingungslos unserer Seelen anzunehmen, können wir heute gesund und lebensbejahend unser Seelenpotential ausleben! All dein Wissen aus alter Seele und vor allem dein beispielloses Vorgehen im Ergründen der jeweiligen Ursache, hat unser Leben und das vieler anderer gerettet und bereichert!

DANKE!
Dein HAPPY – FUTURE-Team

Begriffserklärung

Anteil, Anteilsenergie	psi- und bioenergetischer Teil, entstanden aus einem Engramm, welcher bewusst und unbewusst sich im Verhalten zeigt
Bewusstseinsfrequenz	besteht aus sogenannten bio- und psi-energetischen Impulsen, die dann die sogenannte Mentalenergie ergibt
Bewusstseinsmatrix	ein vorherrschendes bestimmendes Gedankenkonstrukt
Bioenergetik, bioenergetisch	Wissenschaft, die sich mit der Gewinnung und Umsetzung von Energien im Körper beschäftigt
Bipolarität	Zweipoligkeit, Zwiespalt
Ego-Strukturen	Ego, im Sinne von wenn sich die Person über den Menschen stellt „Ich-will-Struktur“
energetisches Emissionsfeld	energetische Ablagerung aus Gedanken- und Empfindungserlebnissen
Engramm	mentaler, emotionaler Speicher; Gedächtnisspur
Fehlgesteuerter, Fehlgeschalteter	mental, emotional fehlgeschalteter Mensch; gemütskranker (außerhalb der üblichen Norm), krank denkender Mensch
feinstoffliche Energie	das ist die Energie, die aus der 4. Dimension kommt
genetische Quantenverbundenheit	Rückrufprinzip, in erster Linie zur Mutter
Kausalnexus	der Punkt von dem aus alles Weitere ausgeht (Ursächlichkeit)
Konglomerat	Bausteine, Teile
lektiver Prozess	Lernthema; Lektion
Psi-Forschung, Parapsychologie	die Wissenschaft der feinstofflichen Ebene
Prägung	mentaler Abdruck des Erlebten und des empfundenen kollektiven Bewusstseins
Psi	die kosmische Energie, die sich auch als seelische singuläre Einheit definiert
Psi-Codierung	der sogenannte individuelle Identitätscode
Psi-Energetik, psi-energetisch	kosmische Energie
Psi-Feld	energetisches Emissionsfeld; spirituelles Feld
Psi-genetisch	Vorprägeanteile der Seele

Psi-Interaktionen	Wechselwirkungen auf feinstofflicher Ebene
Psi-Matrix	energetische Matrix; in sich selbst begrenztes energetisches System
Psi-Quantensprung	Vorgang bei Geburt und Sterben
Psychokinese	medialer Kontakt von Psyche zu Psyche; physikalisch nicht erklärbare, unmittelbare Einwirkung eines Menschen auf die Körperwelt
Psychoskopie	mediale Methode, um den Menschen in der Gesamtheit zu erfassen und Verdichtungen aufzuspüren
Resonanzebene	die Ebene, auf die sich das Resonanzverhalten begründet
Schattenkomponenten	Anteile, die dem Menschen nicht bewusst sind; Schattenseiten des subliminalen Unterbewussten (Angestautes, Verdrängtes usw.). „Schatten“ deshalb, weil Eigenschaften, die im Menschen Zwänge sowie unkontrolliertes Verhalten hervorrufen, noch nicht belichtet wurden.
subliminal	unterschwellig, autonom
Subliminalebene	wirkende Kraft auf feinstofflicher Ebene

Anhang

Parapsychologe - PSI-Forscher - Willi Robé ist als Spezialist für Psychokinese in der Lage, sämtliche Faktoren, die dem Auge nicht sichtbar sind und dennoch in ihrer Subtilität Einfluss auf alles Lebende nehmen, zu ergründen und gegebenenfalls zu beheben.

Lesen Sie mehr über seine Arbeit unter: www.psy-energetic.com

HAPPY - FUTURE dessen Initiator und Gründer Parapsychologe - PSI-Forscher - W. Robé ist, ist eine rein wissenschaftlich orientierte Projektgruppe, die sich folgendes Ziel gesetzt hat: Schaffung eines neuen kollektiven Bewusstseins, um vorherrschenden krankmachenden Faktoren mit Maßnahmen und Möglichkeiten aus der PSI-Forschung zu begegnen.
Anders ausgerückt: Wie rettet man eine (mehr oder weniger) Neid- und Ellbogengesellschaft, deren vorherrschenden Strukturen dazu führen, dass aus einem Miteinander, ein Nebeneinander entsteht und im schlimmsten Fall ein Gegeneinander wird. Wir sind der Meinung: Das ist kein Leben, das ist Sterben auf Raten! Die Rezeptur beginnt ganz am Anfang: Es braucht ein Bewusstsein, damit man bemüht ist, Kinder menschlich zu erziehen. Wir stehen in der Absicht ein dementsprechendes neues kollektives Bewusstsein zu schaffen.

Nähere Informationen über individuelle transformationsfördernde Bewusstseinsarbeit lesen Sie unter: www.team-happy-future.at

* Gedankenmuster → Verhaltensmuster →
Empfindungsreflex → Prägung d. Grundempfindung

* Eindrücke in d pränatalen Phase
(neg. Abdruck!)
+ Subliminalebene
* energetische Matrix
* neg. psi u. bioenerget. Verdichtung

Interviewmuster? (S. 45)